아무것도 하기 싫은 당신에게

아무것도
하기 싫은 당신에게

나명진 지음　**최현정** 심리상담사 감수

무기력한
사람들을 위한
따뜻한 위로

추천의 글

개똥벌레의 빛처럼, 우리 안의 춤추는 힘을 믿으며

김용섭 교수(조선대학교 일반대학원 중독재활복지학과 주임교수)

요즘 황가람의 〈나는 반딧불〉이란 노래가 사람들에게 많은 위로를 주고 있다. 특히 도입부 가사가 인상 깊다.

자신이 특별한 존재(별)이라고 믿었던 화자가 사실은 평범하고 작은 존재(개똥벌레)였다는 것을 깨닫는 이야기를 담고있다. 하지만 그 깨달음에도불구하고 여전히 자신이 빛날 수 있다고 믿는 긍정적인 태도를 보여 준다.

이 가사는 국내 1호 무기력 전문가인 나명진 대표가 주장하는 "NO 無氣力 YES 舞起力"과 일맥상통한다.

치열한 경쟁사회에서 이상과 현실 사이의 괴리는 무기력을 잉태한다. 그동안 나 대표는 다양한 스펙트럼의 무기력을 이론과 실천 현장에서 깊이 고민하고 소통하며, 씨줄과 날줄로 엮어 만들어 튼실한 베를 짰다. 길쌈하는 아낙네의 심정으로 묵묵히 무기력에 천착하여 상처받은 군상(群像)들에게 다시 비상할 수 있는 기회를 제공하고 있다.

이번 세 번째 무기력 시리즈는 '결핍의 심리학'을 전면에 내세우고 있다. 이는 '인간안보(Human Security)'의 관점에서도 큰 의미가 있다. 인간안보는 유엔개발계획(UNDP)이 1994년에 발표한 『인간개발 보고서(Human Development Report)』에서 유래한 개념이다. 이 개념은 전통적인 '공포로부터의 자유(freedom from fear)'뿐만 아니라 가난과 기아 같은 '결핍으로부터의 자유(freedom from want)'에 더 큰 방점을 둔다. 그렇다면 이제 인간안보의 범위를 무기력까지 확장할 필요가 있지 않을까?

또한 무기력의 지평을 넓히기 위해 중독자와 그 가족까지 연구와 치유의 대상으로 삼는 것은 매우 고무적인 일이다. 앞으로도 사회의 중독 문제를 무기력이라는 렌즈로 바라보고, 해결의 실마리를 찾아가길 기대해 본다.

무기력을 뒤집는 것은 활력

이병준 박사(파란리본 카운슬링&코칭 대표, 《사춘기 자녀 부모 파이팅》 저자)

나는 오래전에 미래로 갈수록 '무기력'이 점점 더 큰 사회 문제로 대두될 것이라 예견하고, 저자에게 무기력 전문가가 되어 많은 사람을 도와주라고 권면한 적이 있다. 그때부터 저자는 열심히 공부하여 무기력 분야의 전문가로 우뚝 섰다. 이미 무기력에 관한 두 권의 책을 펴냈고, 지금도 강의와 워크숍을 통해 수많은 사람을 돕고 있다. 앞으로도 그를 필요로 하는 사람들이 점점 더 많아질 것이라 믿는다.

무기력 문제는 이제 우리 사회의 고질병이 되었다. 청년 세대의 무기력과 자녀들의 무기력도 심각하지만, 중년과 노년 세대의 무기력 또한 심각하다. 온 사회가 무기력으로 찌들어 있다고 해도 과언 아니다. 그 무기력에 온갖 병리적 증상의 이름을 붙이긴 하지만, 본질적인 치유와 회복으로 이끄는 데는 한계가 있다. 이는 무기력의 근본 원인을 제대로 모르기 때문이다. 그런 점에서 《아무것도 하기 싫은 당신에게》는 무기력의 근본 이유가 무엇인지 밝히고, 해결 방법까지 제시하고 있으니 실로 시의적절한 책이다.

《아무것도 하기 싫은 당신에게》라는 제목이 내 마음에 확 꽂힌 데는 이유가 있다. 나 역시 그런 상태에 수시로 빠지는 사람 중 하나이기 때문이다. 느닷없이 아무것도 하기 싫은 충동이 일어나면 우울감과 의욕 저하, 무능력감과 무가치감까지 더해진다. 글쓰기와 독서라는 나름의 방식으로 극복해 보려 하지만, 그마저도 하기 싫을 정도로 무기력할 땐 뭘 어찌할 수가 없다. 그나마 나는 내가 왜 자주 아무것도 하기 싫은 상태에 빠지는지 그 이유를 알고 있다. 저자가 이 책에서 짚고 있는 것처럼, 내 무기력의 근본 원인은 어린 시절의 상처에서 비롯되었다. 가족치료 이론 중 '가족역할(family role)'이라는 개념이 있다. 역기능 가정에서 태어난 자녀는 살아남기 위해 무의식적으로 특정한 역할을 맡게 된다는 것이다. 나의 가족 역할은 '말 없는 아이(Lost Child)'였다. 가족 안에서 존재감이 잘 드러나지 않는 아이였다.

저자 또한 과거에 심각한 무기력에 사로잡혔던 사람이었음을 고백한다. 또한 무기력의 늪에 빠졌던 많은 사람의 이야기도 책에 담겨 있다. 이 부분을 읽는 독자는 세상엔 정말 많은 사람이 무기력 속에서 허우적댄다는 사실을 깨닫게 될 것이고, 그것만으로도 큰 위안을 얻게 될 것이다. 미국의 사회심리학자 리언 페스팅거(Leon Festinger)는 '비교 효과(Social Comparison Effect)'라는 개념을 제시했다. 인간은 자기 평가를 위해 타인과 자신을 비교하는데, 나보다 나은 사람과 비교하여 동기 유발을 하거나 열등감에 빠지는 '상향 비교(Upward Comparison)'와, 나보다 못한 사람과 비교해 자존감을 회복하거나 우월감을 느끼는 '하향 비교(Downward Comparison)'가 있다. 독일어로는 '샤덴프로이데(Schadenfreude)'라고 하는데, 이는 '타인의 불행을 은근히 즐거워하는 심리'를 말한다. 나보다 잘나가던 사람이 실수하거나 고난을 겪을 때 느끼는 은근한 쾌감이다.

그러나 이 책은 단순히 심리적 카타르시스만 제공하는 데 그치지 않는다. 무기력에서 벗어날 수 있는 9가지 방법론을 친절하고 구체적으로 안내하고 있다. 이 방법들은 모두 저자가 직접 체험하고 검증한 것들이다. 저자의 안내를 따라가다 보면 어느새 무기력에서 벗어나 활력 넘치는 사람이 되어 있을 것이다. 저자의 전작 제목처럼 무기력(無氣力)은 마침내 춤을 추게 하는 힘(舞氣力)이 될 것이다.

무기력의 늪에서 벗어나는 지혜의 안내서
오군석 교수(광주보건대학교 부총장)

현대사회는 기술의 고도화, 과잉 자극, 무한 경쟁으로 인해 많은 이들이 무기력과 우울에 빠져 있다. 급변하는 세상에서 미래에 대한 불안과 불확실성은 우리의 삶에 큰 무게로 다가온다. 특히 AI의 발전은 인간 존재의 가치에 대한 근본적인 질문을 던지며, 집단적 무기력을 초래할 수도 있는 현실이다. 저자는 무기력의 다양한 원인을 탐구하는데, 경쟁과 스트레스 속에서 소진되는 현대인의 모습, 순간적 쾌락을 선택하며 무기력을 감추는 심리적 메커니즘, 그리고 트라우마와 결핍이 초래하는 무기력의 본질을 주요한 논점으로 다루고 있다. 또한 다양한 사례와 연구를 통해 인간이 스스로를 치유하고 성장할 수 있는 방법을 소개하며, 무기력을 단순히 극복해야 할 문제가 아니라 삶의 자연스러운 흐름으로 받아들이고 이를 통해 더 나은 방향으로 나아갈 수 있음을 강조한다. 무기력이라는 늪에서 벗어나 진정한 행복을 찾고 싶은 사람들에게 실질적인 지침이 되어줄 필독서라고 생각한다.

중독과 고립의 시대, 다시 살아갈 용기를 위하여
정성배 교수(조선대학교 행정복지학부 교수)

현대사회는 누구에게나 편리와 안락이 제공되는 환경이다. 그 결과 자신의 무기력을 감추기 위해 순간적인 쾌락을 선택하는 사람들이 많아졌고, 이는 암묵적으로 무기력과 중독을 유발하는 일상을 반복하게 한다. 일찍이 나명진 대표는 병리적인 사회현상과 사람의 마음에 관심을 갖고 꾸준히 학습하고 연구해 왔다. 그 결과 사람들의 행복과 웰빙을 방해하는 근본적인 원인이 무기력이라는 것을 밝혀냈다. 또한 그의 강의는 여타 강사들처럼 지식을 전달하는 것을 뛰어넘어, 음악과 현대심리학과 인문학적 베이스로 사람의 마음을 치유하고 회복시키는 강력한 힘이 있다. 무엇보다 트라우마로 인해 하루하루 무기력과 고립, 은둔, 외로움에 빠져 소중한 삶을 낭비하고 있는 사람들이 있다면 이 책은 그들을 위한 삶의 방향서이자 지침서로 활용하기에 더없이 충분하다.

지쳐 있는 당신에게 필요한 삶의 회복 매뉴얼
조우홍 교수(서원대학교 사회복지학과 교수)

이 책은 빠르게 변화하는 시대 속에서 무기력과 불안에 휩싸인 현대인들에게 따뜻한 길잡이가 되어 준다. 예측할 수 없는 미래와 고도화된 기술 사회는 우리에게 새로운 가능성을 열어 주지만, 동시에 삶의 의미와 존재에 대한 질문을 던지게 한다. 우리는 그 속에서 최선을 다해 살아가지만, 막연함과 혼란 앞에 때때로 무기력해질 수밖에 없다. 이 책은 오랜 시간 강연과 상담을 통해 무기력한 사람들을 연구한 저자의 통찰을 바탕으로, 무기력에서 벗어나 삶의 에너지를 되찾을 수 있는 실질적 방법들을 제시한다. 무기력이라는 현대인의 고질병을 극복하는 구체적이고도 지혜로운 해법들을 담고 있어, 자신을 이해하고 삶을 풍요롭게 만들고 싶은 이들이 반드시 읽어야 할 필독서로 추천한다.

행복을 가로막는 그림자를 걷어내는 책
장관철 목사(광주 무진교회 담임목사)

한 사람의 생명은 천하보다 귀하다. 자신의 삶은 누구나 소중하다. 누구나 행복하기를 바란다. 하지만 우리가 경험하는 현실은 어떠한가. 현대인의 삶은 얼마나 치열하고 복잡한가. 또한 현실은 얼마나 각박하고 냉정한가. 이 끝없는 경쟁 속에서 받은 상처로 인해, 수많은 사람들이 은밀한 무기력과 우울에 빠져 있다. 각박한 사회 속에서 무기력과 우울은 이미 일상이 되어 버렸다. 저자는 이 책에서 무기력을 유발하는 다양한 원인들을 짚어 주고, 무기력에서 어떻게 벗어날 수 있는지 알려준다. 그리고 그 시작과 방법은 의외로 단

순하고 간단할 수 있음을 깨닫게 해준다. 이 책이 오해와 편견, 과거의 상처와 결핍 때문에 지금의 행복한 삶을 가로막는 장애물을 제거하는 유능한 도구가 되기를 바란다. 지혜의 상징인 미네르바의 부엉이는 황혼녘에 날아오른다고 했다. 삶이 깊은 무기력에 빠져 있을 때, 이 책이 자신을 올바로 바라보고, 마음의 근육을 키울 수 있는 정신적 코치가 되어 주기를 바란다. 또한 새로운 눈으로 자신의 인생을 바라보게 해주는 지혜의 안경이 되기를 소망한다.

걱정에 물들지 않는 연습, 무기력을 넘어서는 용기

박현선 박사(광주광역시 동구중독관리통합지원센터장)

우리는 중독에 빠지기 쉬운 환경 속에서 매일을 살아가고 있다. 과잉 자극과 무한 경쟁으로 개성과 다양성이 존중받기보다, 타인과 끊임없이 경쟁해서 이겨야 하는 현대사회를 살아가고 있다. 바쁜 일상 속에서 자신을 잃어버리며 찾아오는 무기력감은 삶의 균형을 깨뜨린다. 그로 인해 나라는 존재를 점점 잃어 가게 된다. 저자는 "걱정 없는 인생을 바라지 말고, 걱정에 물들지 않는 연습을 하라"고 조언한다. 무기력감을 경험한 사람들의 치유 이야기가 스며 있는 이 책은 인생의 힘든 여정을 회피하고 있는 사람들에게 희망의 손길을 내민다. 무기력함에 익숙해져 위험한 길로 빠지지 않고, 진정한 행복을 찾아 '나'로서 살아가는 방법을 안내하는 인생 지침서로, 현대를 살아가는 모든 이들에게 꼭 권하고 싶은 필독서다.

살아야 할 이유가 다시 가슴을 두드릴 때
옥필훈 교수(전주비전대학교 아동복지상담학과 교수/전주홍산교회 협동목사)

저자는 '무기력'이라는 주제를 통해 사람을 살려 내는 희망 전도사다. 교육과 상담으로 빚어낸 그의 독특한 시그널은 책과 강연을 통해 만나는 사람들의 마음속에 희망을 불어넣는다. 묻어둔 상처가 이해로 바뀌는 순간, 삶은 조용히 다시 움직이기 시작한다. 트라우마와 결핍이 만들어 낸 무기력의 실체를 섬세한 필체로 파헤치며 사례와 이론을 넘나드는 깊이 있는 통찰로 독자의 마음을 흔든다. 잊고 지냈던 감정이 되살아나고 살아야 할 이유가 다시 가슴을 두드리는, 단지 위로에 그치지 않고 오늘을 살아낼 힘을 되찾게 하는 가슴 뛰는 심리 치유서다.

살아남는 법이 아닌, 살아가는 법을 위하여
김성한 박사(재단법인 한국건설안전기술원 이사장, 연세대학교 공학대학원 총동문회장)

《아무것도 하기 싫은 당신에게》는 삶의 굴곡과 감정의 소용돌이를 겪으며 흔들리는 이들에게 건네는 깊은 위로이자 존재에 대한 따뜻한 성찰이다. 저자는 우리가 느끼는 불안, 외로움, 분노 같은 감정들을 '고쳐야 할 결함'으로 보지 않는다. 오히려 그것은 누구나 지닌 인간적 조건, 다시 말해 '결핍'으로부터 비롯된 자연스러운 흐름이라 말한다. 그 문장들은 마치 오래된 나무처럼, 말없이 그러나 묵직한 위로를 건넨다. '너는 잘못된 것이 아니다. 다만 조금 결핍되었을 뿐이다. 그리고 그 결핍은, 인간이기 때문에 너무도 당연한 것이다.' 책의 곳곳에는 인간 존재에 대한 애틋한 시선이 배어 있다. 상처 입은 내면아이와 조우하는 장면들, 불완전한 관계 속에서 흔들리는 자아의 풍경들, 그리고 끝내 자신을 다정하게 껴안게 되는 순간까지. 저자는 독자에게 단지 살아남는 법이 아니라, 살아가는 법을 일러준다. 이 책은 우리가 스스로를 향해 '왜 나는 이 모양일까?'라고 자책할 때, '그게 너이기 때문에 괜찮다'고 말해 주는 책이다. 고장 난 마음을 수리하는 대신 결핍을 품고 살아가는 법을 배우게 된다. 이 책은 스스로를 책망하거나 내면의 상처를 외면해 온, 그러나 조금 더 자신을 사랑하고 싶은 모든 이들에게 권하고 싶다.

무기력의 어둠 속, 다시 살아갈 힘을 찾아서

김평식 회장(연세대학교 총동문회, 대학원연합회, 연세대학교 교육대학원 총동문회장)

치열한 경쟁 속에서 하루하루를 살아가는 한국인이라면 누구나 한 번쯤 이유 모를 무기력감에 빠진 경험이 있을 것이다. 극심한 스트레스, 반복되는 실패, 감당하기 힘든 업무량은 우리의 에너지를 갉아먹고, 어느새 삶의 동력을 잃게 만든다. 이 책은 바로 그런 이들에게 따뜻한 손길을 내민다. 무기력이라는 어둠 속에서 길을 잃은 이들에게 다시금 삶의 의욕을 되찾을 수 있는 구체적이고 실질적인 방법들을 제시하며 기력 회복을 위한 든든한 동반자가 되어 준다. 바쁜 일상 속에서도 진짜 나를 다시 마주하고 싶은 사람들에게 꼭 권하고 싶은 책이다.

AI가 대체할 수 없는 인간의 회복 본능

안동욱 박사(한양대학교 교수, ㈜미소정보기술 대표)

IT 기업의 경영인으로서 가장 큰 걱정은 AI가 인간의 대부분의 영역을 대체할 수 있다는 것이다. 최근 들어 AI가 점점 더 사람에 가까워지고 더욱 빠른 속도로 인간을 능가하고 있는 현상이 성큼 다가왔다. AI가 지금까지 사회가 경험해 보지 못한 집단의 무기력을 초래할 수도 있다. 또한 내가 어떻게 해도 능가할 수 없는 소프트웨어가 삶의 모든 영역에서 대체 불가능한 역할을 하게 될 날도 머지않았다. 이때 우리 인간은 닥쳐올 무기력에 대해 어떤 대비를 해야 하는지 아직 그 누구도 방법을 제시하지 못하고 있는 것이 현실이다. 이 책의 저자는 오랫동안 무기력이라는 현상에 대해 통찰을 갖고 숨겨 왔던 트라우마를 해결할 수 있는 방법을 제시해 왔다. 이 책을 보면서 앞으로 있을 집단의 무기력은 '문제가 아니라 결핍일 수도 있겠다'라고 이해하게 되었다. 동시에 다소 불안한 미래에 대한 공포와 두려움이 사라질 수 있었다. 이 책은 AI로 인해 인간의 무기력을 고민하시는 분들이 읽어야 할 필독서이자 권장서이다.

허기진 마음을 채우는 따뜻한 성찰
엄미현 원장(사단법인 힘없는 사람들의 힘 공동체복지연구원장)

《아무것도 하기 싫은 당신에게》의 나명진 작가와 감수를 하신 최현정 심리상담사님의 글을 미리 보는 행운의 독자가 되었다. 현장에서 직접 터득한 경험과 연구 자료, 영화와 사회적 참사 등 다양한 사례를 들어 행복을 방해하는 무기력을 쉽고 깊게 접근한다. 책을 읽는 내내 떠오르는 몇 분의 시민들이 있었다. 이 책을 미리 만났다면, 나는 조금 더 나은 사회복지사로 그들의 고통을 더 적극적으로 도울 수 있지 않았을까. 이 책은 허기졌던 나를 성찰하게 하고, 부족함을 채워 가도록 이끌었다. 무기력 교과서로 손색이 없다. 역시 사람은 생을 두고 공부해야 하는 존재임에 틀림없다. 많은 이웃들이 맞닿은 무기력을 날것으로 써 내려가며 용기를 준다. 아픔과 우울과 고통을 회피하지 않고, 함께 치유하고 극복하자고 다정하게 손을 내민다. 우린 모두 삶의 주인공이다.

동기부여를 넘어 삶을 바꾸는 실천 심리학

하연화 실장(대유에이텍 경영지원실)

나명진 대표는 누구나 인정받고 싶고 관심받고 싶어 하는 마음의 결핍을 치유해 주는 전문가다. 그의 교육을 통해 조직문화에서 오는 무기력의 근본적인 원인이 어떻게 형성되는지를 알게 되었고, 직원들이 자기 감정을 객관적으로 바라보는 계기가 되었다. 이 책은 무기력을 탈출하여 자신의 원하는 삶을 살아갈 수 있는 방향을 제시하고 있다. 저자는 단순한 동기부여가 아닌 직원들이 자발적으로 작은 목표를 세우고 실행할 수 있는 전환점을 제공해 준다. 특히 무기력은 자신의 의지와는 무관하게 학습된 결과물이기에, 무기력을 극복하려면 자기 비난을 줄이고 큰 목표보다는 작은 목표를 세워 반복적으로 성취하는 경험을 맛보는 것이 중요하다고 강조한다. 이 책은 남들이 부러워할 만한 삶을 살 수 있는 인생 내비게이션으로도 손색이 없다.

목차

추천의 글   4
시작하면서   20
미리 해 보는 간편한 무기력 테스트   24

제1장
어른이 되지 못한 어른들

손수레를 끄는 아이	29
사물과 교류하는 아이	34
마음에 불이 난 아이	39
우리는 모두 암묵적 감금증후군	43
의무 NO 권리 YES	47
애착 트라우마가 남긴 흔적	52
부모의 삶의 기준에 맞춰진 삶	55

제2장
결핍의 심리학

트라우마는 인식체계를 재편한다	65
무기력과 수치심에 찌든 자아정체감	70
당신도 심리적 미숙아	78
소중한 타인을 공격하는 적대적 귀인편향	84

자기를 키워준 양육자가 곧 자기	88
자신을 방어하는 도구	96
작은 상처의 누적	102
안전과 교류의 다미주	106
편안함의 배신	111
재앙징후신드롬	116

제3장
무기력의 해결 방법

무기력한 원인을 깨달으라	123
자기연민으로 노래하고 이타성을 실천하라	130
일단 무조건 움직이라	138
연애하듯 기분 좋은 시간을 늘리라	145
고장 난 생각을 수리하라	157
통제 가능한 것에 최선을 다하라	172
심리적 맷집을 기르라	181
멘토를 만나 성장하라	189
반복하고 또 반복하라	199

부록 무기력 탈출을 위한 워크숍	213
마치면서 NO 無氣力, YES 舞起力	216
참고서적	218
참고논문	220
미주	221

시작하면서

코로나19는 대한민국 모든 직업군의 판도를 흔들었습니다. 많은 이들이 사라지거나 버티는 삶을 선택해야 했고, 저 역시 그중 한 명이었습니다. 대중 강사로서 계획했던 강의가 대부분 취소되면서 생존을 위해 IT 사업에 뛰어들었지만, 그 대가는 생각보다 훨씬 컸습니다.

사실 저에게 처음으로 깊은 불안감을 안겨준 사건은 2016년 이세돌과 인공지능 알파고의 대결이었습니다. 인간의 패배를 지켜보며 무력함을 절감했고, 이후 AI와 기술의 고도화는 불안을 더욱 가중시켜 왔습니다.

무기력은 제게 낯설지 않은 감정입니다. 어린 시절 아버지의 갑작스러운 죽음 이후, 저는 반복적으로 무기력과 우울에 빠졌고, 때로 분노를 표출하거나 또는 침묵, 고립에 빠지곤 했습니다. 겉으로는 멀쩡해 보여도 내면은 늘 불안정했습니다. 심리학을 공부하면서, 이러한 증상이 모두 내면의 결핍에서 비롯된 것임을 깨달았습니다.

25년간 강연과 교육을 통해 수많은 사람을 만나면서 알게 된 것은, 행복하게 살아가는 사람들은 행복할 수 있는 '능력'과 '자원'을 갖고 있다는 사실입니다. 반면 무기력에 빠진 사람들은 반복되는 무기력의 '패턴'에 사로잡혀 있었습니다.

저는 '무기력'이라는 개념을 탐구하면서, 미국의 긍정심리학과 만나게 되었습니다. 마틴 셀리그만을 중심으로, 우울·불안·번아웃 같은 문제를 회복과 성장의 관점에서 바라보는 연구가 활발히 이루어지고 있었고, 저는 이를 강연과 교육에 적용해 왔습니다. 그 과정에서 우리 주변에는 '생존만을 위해 살아가는' 이들이 얼마나 많은지 실감했습니다.

2017년부터 지역 자활센터에서 진행한 무기력 교육은 많은 사람들에게 공감과 회복의 기회를 제공했습니다. 어떤 교육생은 휴가를 미루면서까지 참여할 정도로 절박했고, 교육 후 추가 강의를 요청받기도 했습니다. 이는 개인의 변화가 가능하다는 강력한 신호였습니다.

　기업 환경에서도 마찬가지입니다. 무기력에 빠진 중간관리자나 임원이 조직의 리더십과 생산성을 갉아먹는 사례는 흔합니다. 그럼에도 불구하고 많은 조직이 이를 방치하거나 외면하고 있습니다.

　생각보다 많은 사람들이 무기력과 감정적 고통 속에서 미래를 포기하고 있습니다. 더 이상 이를 방관할 수 없습니다. AI 시대, 감정과 회복에 대한 교육은 생존을 위한 필수 전략이 되어야 합니다.

　이 책은 그런 절박함에서 시작되었습니다. 저는 변화와 성장을 돕는 강연자로서, 또 국내 최초의 무기력 연구소 설립자로서 수많은 사람의 회복을 도와 왔고, 그 과정에서 얻은 통찰과 방법을 이 책에 담았습니다.

　1장에서는 무기력을 유발하는 삶의 패턴을 실제 사례와 함께 풀어내고, 2장에서는 무기력의 심리학적, 생물학적 배경을 설명합니다. 3장에서는 무기력에서 벗어나기 위한 조건과 전략을 제시하며, 마지막 4장에서는 개인과 조직을 위한 무기력 교육과정의 실제 운영 방법을 소개합니다.

　이 책은 《무기력의 심리학》과 《무기력 수업》의 통합 개정판으로, 그동안의 연구와 실천을 집대성한 결과물입니다.

끝으로, 저를 지금까지 성장시켜 주신 사부 이병준 박사님, 학문적으로 길을 밝혀 주신 김용섭 교수님, 늘 기도해 주신 장관철 목사님, 오광현 님, 그리고 이 책을 감수하던 중 어머님을 천국으로 떠나보낸 최현정 씨에게 진심으로 감사드립니다.

2025년 뜨거운 여름
빛고을 광주 무기력 연구소에서

미리 해 보는 간편한 무기력 테스트

무기력에 대해 이해하기 전에 당신의 무기력 정도를 미리 테스트해 보자. 다음은 미국의 저명한 정신과 의사 프랭크 미너스 박사가 설명하는 무기력증의 초기 증세이다. 24개 항목 중 몇 개 정도가 본인에게 해당되는지 체크해 보자. 프랭크 미너스는 12개 이상에 해당된다면 무기력증이 침범하고 있다고 했다.

- 최근 모든 일에 흥미를 잃었고 부정적인 생각만 든다. ☐
- 퇴근 시간만 기다려진다. ☐
- 내가 하고 있는 일이 적성에 맞지 않는다는 생각을 자주 한다. ☐
- 매사에 조바심이 자꾸 생긴다. ☐
- 직업을 바꾸고 싶은 생각이 부쩍 늘었다. ☐
- 전보다 두통(요통, 혹은 기타 질환)이 심해졌다. ☐
- "누가 나에게 관심이나 있을까?" 하는 실의에 자주 빠진다. ☐
- 최근 술을 많이 먹고 주량도 늘었다. ☐
- 매일 쌓이는 스트레스 때문에 신경 안정제를 먹고 있다. ☐
- 예전에 비해 기운이 떨어지고 하루 종일 피곤하기만 하다. ☐
- 근래 들어 일에 대한 부담이 커졌다. ☐
- 기억력이 떨어지고 전보다 집중이 잘 안 된다. ☐
- 밤에 잠을 못 이루거나, 새벽에 자주 깨고 한번 깨면 다시 잠들기 힘든 일이 많다. ☐
- 식욕이 떨어졌거나 식욕이 지나치게 왕성해졌다. ☐
- 제대로 한 것이 아무것도 없다고 느껴진다. ☐
- 일에 대한 의욕이 예전보다 훨씬 못하다. ☐
- 내가 하는 일의 가치를 느끼지 못한다. ☐
- 전에는 결정하는 데 망설임이 없었는데 지금은 그러지 못하다. ☐
- 내가 좋아하고 자신 있게 하던 일이 보잘것없게 느껴진다. ☐
- "신경 써서 뭐 해? 나와 상관없는 일인데"라는 말을 자주 한다. ☐
- 나는 정당한 대우와 관심을 받고 있다고 생각하지 않는다. ☐
- 나의 문제에서 벗어날 길이 보이지 않아 무능함을 느낀다. ☐
- 일에 대해 지나치게 이상주의적이라는 말을 자주 듣는다. ☐
- 내 직업은 장래성이 없다는 생각이 든다. ☐

제1장

어른이 되지 못한 어른들

손수레를
끄는 아이

가혹한 환경은 희생양을 만든다

초등학교 4학년 영미는 그날도 어김없이, 수업이 끝나기도 전부터 걱정과 불안이 밀려들었다. 집에는 수도가 없어 하교 후 가장 먼저 해야 할 일이 식수로 쓸 물을 길어오는 일이었다. 집에 물이 없으면 저녁밥을 짓지두, 기본적인 생활을 하기도 어려웠다. 새엄마에게 혼나는 건 말할 것도 없었다. 그래서 물을 나르는 일은 어린 영미에게 너무도 버거운 책임이었다.

게다가 학교와 집의 거리는 걸어서 한 시간이 넘었다. 거기에 어린 영미의 키를 훌쩍 넘는 손수레에, 물이 가득 담긴 대형 고무 물통까지 실어 나르는 일은 어른도 감당하기 힘든 고된 노동이었다. 집에서 10분 거리에 있는 우물로 가는 길은 자갈이 깔린 비포장도로에 경사까지 있어 위험천만했다. 바가지로 하나하나 물통을 채우는 일도 고된 작업이었다.

  물을 가득 실은 손수레를 온 힘을 다해 끌고 오는 것도 모자라, 집 근처 30미터가량 되는 가파른 내리막길에 이르면 양발로 제동을 걸어가며 눈썰매를 타듯 끌려 내려와야 했다. 그 순간은 마치 악몽 같았고, 겁에 질린 채 손수레를 붙잡고 있어야 했다. 내리막이 끝날 즈음에는 곡예사처럼 재빨리 우회전을 해야만 겨우 집 마당으로 들어설 수 있었다. 무더운 여름이나 살을 에듯 추운 겨울에도 장갑 하나 없이 손수레를 끌며 눈물을 훔친 날들이 많았다.

  그럼에도 영미는, 자신이 그 힘겨운 일을 해내고 있다는 사실에 스스로를 위로하곤 했다.

  "이런 일을 내가 해내고 있다니, 난 참 대단한 아이야."

  그렇게 스스로를 달래며, 비정상을 정상처럼 받아들이는 법을 배워야 했다. 마치 한 가족을 위해 희생하는 것이 당연한 일인 양, 그렇게 자라나야 했다.

  한 번은 물을 싣고 내리막을 내려오던 중, 다리에 힘이 풀려 손수레와 함께 집 담벼락에 부딪혀 팔과 다리에 큰 상처를 입기도 했다. 또 우회전 타이밍을 놓쳐 배수로에 빠지거나 논으로 굴러떨어진 일도 여러 번 있었다. 그런 날은 위로는커녕, 당연하다는 듯 새엄마와 새언니에게 모욕적인 말들을 들어야 했다.

"저 ××년이 물도 제대로 못 길어 오고, 도대체 제대로 하는 일이 뭐가 있어? 밥값도 못하는 ×× 같은 년."

이런 말들은 어린 영미의 일상에 스며든 언어적 학대였다.

암묵적인 비교는 열등감의 뿌리가 된다

영미의 아버지는 그녀가 네 살이 되던 해 이혼했고, 이후 건설 현장에서 막노동을 하며 하루하루를 버텼다. 낮에는 집을 비우기 일쑤였고, 딸에게 무슨 일이 벌어지는지 알 수 없었으며 돌봐줄 여유도 없었다. 시간이 갈수록 새엄마와 새언니의 학대와 강요는 반복되었고, 영미는 마음속에 이렇게 새기게 되었다.

"나는 아무에게도 사랑받지 못하는 존재야. 내가 잘못해서 야단을 맞는 거야."

어린 영미는 자신의 의지와 상관없이 희생양의 역할에 묶여 살아야 했다. 마치 그게 당연한 운명인 것처럼 말이다.

퇴근 후 돌아온 아버지의 관심을 받고 싶어 주위를 맴돌아도 돌아오는 건 무관심뿐이었다. 술에 취한 아버지에게 따뜻한 눈길은 기대할 수도 없었다. 저녁 식사 자리에서는 새엄마가 이렇게 말하곤 했다.

"오늘 운동회 달리기에서 영숙이는 1등 했는데, 영미는 또 꼴찌야. 나는 애초에 그럴 줄 알았어."

이 말은 식사 반찬처럼 자주 오르내렸고, 가족들 모두 암묵적으로 동의하고 있었다. 그런 분위기 속에서 영미는 열등감과 부정적인 자아상을 내면 깊숙이 심게 되었다.

영미처럼 복합트라우마를 경험한 사람들은, 어린 시절 반복된 학대와 방치, 비교와 무시에 의해 정서적 유대감이 형성되지 못한다. 이로 인해 성인이 되어도 사람과의 관계가 어렵고, 반복해서 문제를 겪게 된다. 복합트라우마란 교통사고나 자연재해 같은 단일 사건이 아니라, 영미가 겪은 것처럼 장기간에 걸쳐 반복되는 다양한 고통을 말한다.

특히 1차 양육자인 부모와의 정서적 연결이 끊기면, 성인이 되어도 타인과의 관계에서 소외감을 느끼고, 스스로를 무가치한 존재로 인식하게 된다. 결국 건강한 관계를 형성하지 못하고, 실패를 반복하게 되는 것이다. 나아가, 학대와 소외, 방치, 무시, 폭력 등 통제할 수 없는 환경 속에서 자란 사람은 학습된 무기력에 사로잡혀 자신의 감정을 느끼지 못한 채 살아가게 된다. 그리고 끊임없이 억압을 느끼며 죄책감과 수치심의 감정에서 벗어나지 못한다.

물론 사람의 성격은 기질이나 환경에 따라 달라지지만, 가장 두려운 것은 영미처럼 본인의 의지와 상관없이 겪게 되는 가혹한 경험들이다. 이런 트라우마는 말과 행동, 감정 표현 방식에까지 영향을 미친다. 문제는, 그 상태를 당사자는 '그냥 그런 줄' 알고 살아간다는 것이다.

그리고 그것이 가장 무서운 점이다.

사물과 교류하는 아이

**사람과의 교류는 쌍방이기에 유익하지만,
사물과의 교류는 일방이기에 유익함이 없다**

"너도 한번 해봐. 네가 하고 싶은 대로 다 된다니까."

초등학교 5학년 강호는 학교 수업이 끝난 뒤, 윗집에 사는 친구 기철이와 함께 숙제를 하기로 약속했다. 간식으로 빵과 우유를 먹고 편한 옷으로 갈아입은 그는 기철이 집으로 향했다. 하지만 아무리 문을 두드리고 이름을 불러도 기철이는 대답이 없었다.

이상한 느낌이 들어 집 안을 두리번거리던 강호는 옥상으로 올라가는 계단 옆 평상에서 기철이를 발견했다. 그는 큰대자로 뻗어 있었고, 그 모습은 충격적이었다. 마치 폭행을 당했거나 술에 잔뜩 취한 사람처럼 몸을 가누지 못했고, 입가에는 거품이 흘렀으며 눈에는 초점이 없었다. 곁에서 불러도 반응이 없을 만큼 그는 넋이 나가 있었다.

당황한 강호는 정신을 가다듬고 주변을 살펴보았다. 기철이의 옆에는 부탄가스 서너 개와 노란색 본드가 놓여 있었고, 그의 오른손에는 본드가 담긴 검은 비닐봉지가 들려 있었다. 더는 두고 볼 수 없어 강호는 그의 뺨을 치며 소리쳤다.

"기철아! 정신 좀 차려! 왜 이러는 거야!"

얼마 지나지 않아 기철이는 겨우 말귀를 알아들을 정도로 정신을 차렸다. 강호는 걱정과 분노가 섞인 목소리로 소리쳤다.

"너 미쳤어? 이게 무슨 짓이야! 너희 엄마한테 다 말할 거야!"

그러자 기철이는 멍한 얼굴로 대답했다.

"강호야, 나 괜찮아. 왜 그래? 너도 해봐. 이거 하면 네가 하고 싶은 대로 다 된다니까. 저기 차 보이지? 내가 레이저 쏴서 차를 폭파시킬 수 있어. 퓽~ 봤지? 흐흐."

기철이의 말에 강호는 또다시 말문이 막혔다. 이 모든 상황이 마치 악몽처럼 느껴졌지만, 몸이 굳은 듯 그 자리를 떠날 수 없었다. 기철이의 모습에 큰 충격을 받은 강호는 이후 그를 피하게 되었다. 기철이가 멀리서 보이면 다른 길로 돌아가곤 했고, 그렇게 몇 달을 피해 다녔다. 무엇보다 그런 광경을 처음 마주한 강호는 그때의 충격을 어디 말할 곳도 없이 가슴속에 묻어둔 채 살아야 했다.

이 경험은 대리 트라우마의 전형적인 사례다.

대리 트라우마란 타인의 고통이나 트라우마를 간접적으로 접하면서 본인도 심리적 충격을 겪는 현상이다.

기철이는 재혼 가정에서 태어났고, 위로 형과 누나 두 명, 그리고 아래로 남동생 한 명이 있었다. 부모는 자주 싸웠고, 다툼의 화살은 자녀들에게 향했다. 그 영향으로 형과 누나들 또한 기철이를 부모처럼 위협적이고 냉담하게 대했다. 그런 분위기에서 기철이는 언제나 숨고 싶은 심정이었다.

기철이의 아버지는 마을에서 술주정뱅이로 악명이 높았다. 그는 술에 취해 이웃과 다투는 일이 일상이었고, 가족에게는 폭언과 폭력을 일삼았다. 이런 환경은 아이들에게 죄책감과 수치심을 안겼다.

시험 결과가 우편으로 도착하는 날이면 기철이는 얼어붙었다.

"바보 같은 놈. 학교는 왜 다니냐? 머리에 똥만 찼네. 한심하다."

이런 말을 들은 기철이는 형과 누나들에게도 차가운 눈총을 받아야 했다. 그럴수록 기철이는 점점 자신을 탓하게 되었다.

"부모님은 나에게 관심 없어. 내가 태어나지만 않았어도 가족이 이렇게 불행하지는 않았을 거야."

이렇게 모든 잘못을 자신의 탓으로 돌리며, 아무도 자기 이야기를 들어주지 않는다는 생각에 갇혔다. 결국, 그는 집에 아무도 없는 틈을 타 부탄가스와 본드를 흡입하며, 현실의 결핍을 환각으로 채우려 했다.

세월이 흘러 성인이 된 기철은 20대 중반에 또래 여성을 만나 세 아이의 아버지가 되었다. 겉보기엔 평범한 가장이었지만, 현실의 무게를 견디지 못한 그는 가족을 버리고 막노동으로 생계를 이어가며 혼자 살았다. 이후 가족의 설득으로 집에 돌아왔지만, 3년도 채 되지 않아 다시 가출했다. 혼자가 편했던 것이다.

50대 후반, 기철은 6살 연상의 여성과 새로운 가정을 꾸렸다. 그러던 어느 날, 40여 년 만에 다시 만난 강호와 술잔을 기울이던 자리에서, 강호가 물었다.

"뭐가 그렇게 좋아서 다시 결혼했어?"

그러자 기철은 이렇게 답했다.

"굳이 말 안 해도 알아서 다 챙겨줘. 엄마 같아."

그 말을 들은 강호는 초등학교 시절, 부탄가스에 취해 있던 기철이의 모습이 파노라마처럼 떠올라 쓴웃음을 지었다. 왜 그랬는지 이제는 조금 이해할 수 있을 것 같았다.

기철은 본능적으로 자신을 지키기 위해, 집에 혼자 있는 날만을 기다렸다. 불안한 환경 속 외로움을 사람 대신 사물과의 교류로 달래며 살아냈다. 그 역시 자신의 행동이 병리적인 것임을 알고 있었지만, 강박적으로 본드와 부탄가스를 흡입하며 시간을 보낼 수밖에 없었다.

사람은 지구상의 생명체 중 가장 오랜 시간 돌봄을 필요로 한다. 아무리 자랑할 만한 재능이 있어도, 건강한 발달과 안전한 양육을 경험하지 못하면, 겉모습은 어른이라도 내면은 미숙한 아이로 남는다. 그들은 생존에는 문제가 없어 보이지만, 큰 결정을 내려야 하는 상황이나 갈등 앞에서는 쉽게 무너지고 회피한다. 결국, 건강한 어른으로 기능하기 어렵게 되는 것이다.

이 모든 문제의 뿌리는 '결핍'이다.

기철이처럼 성장 과정에서 무시당하고, 사랑받지 못한 채 방치된 사람의 내면은 속이 빈 강정 같다. 어른처럼 보이지만 실은 아이와 다름없다. 그런 이들은 자신을 채워줄 수 있는, '엄마 같은 존재'에게 무의식적으로 끌린다. 감정에 대해 인식하지 못하고, 무엇을 느끼는지도 알지 못한 채 무감각하게 살아가는 것이다.

기철은 부모에게 받아야 할 관심과 돌봄을, 60이 가까운 나이에 연상의 아내를 통해 비로소 경험했다. 그 돌봄이 충분히 이어질 때, 사람은 비로소 심리적으로 재탄생할 수 있고, 자신이 겪은 삶의 문제를 자각하며 건강한 어른으로 살아갈 수 있게 된다.

마음에
불이 난 아이

예측 불가능성과 통제 불가능성

 추운 초겨울날, 초등학교 2학년이었던 상민 씨는 숙제를 마치고 집에서 혼자 노는 것이 지루해 집 뒤편에서 밭일을 하고 있는 어머니에게 갔다. 어머니는 그해 밭농사를 짓고 난 후 남아 있는 마른 풀들을 정리하기 위해 구슬땀을 흘리고 계셨다. 어린 상민 씨는 밭에서 혼자 놀기도 하면서 고사리손으로라도 돕기 위해 이리저리 다니며 잡풀을 포함하여 고추나무들을 밭 한쪽 구석으로 모아 놓았다.

 시간이 얼마나 지났을까? 어머니는 군데군데 모아 놓은 잡풀들을 태워 없애기 위해 이곳저곳에 불을 피우기 시작했다. 그런데 갑자기

부는 바람에 불을 피워놓은 풀들이 날려 주변에 있는 산으로 불이 옮겨붙기 시작했다. 계속해서 일을 하던 중 산 쪽에서 연기가 나는 것을 보게 된 상민 씨는 아무런 생각 없이 그냥 연기가 나나 보다 하며 주변을 둘러 보게 되었는데 다른 산 주변에서도 연기가 피어오르는 것을 목격했다. 그 순간 무언가 잘못된 것을 느낀 상민 씨는 갑자기 펄쩍펄쩍 뛰면서 소리를 지르기 시작했다. "불이야! 불이야! 누가 좀 도와주세요! 불이 났어요! 제발 도와주세요!" 상민 씨가 소리치는 것을 듣게 된 어머니도 불씨가 산으로 옮겨붙어 불이 번지고 있다는 것을 알았다.

어머니는 큰 소리로 "상민아! 소나무를 꺾어서 불을 꺼야 한다. 저기도 불이 번진다. 보고 있지 말고 얼른 불을 꺼라! 서둘러라! 서둘러!" 어머니도 놀라서 소리치는 말에 더 놀란 상민 씨는 겁에 질린 나머지 울먹이는 채로 이리저리 뛰어다니며 "불이야! 불이야! 누가 제발 좀 도와주세요! 불이 났어요!"라며 뛰어다닐 수밖에 없었다. 하지만 바람을 타고 번지는 불은 어머니와 어린 상민 씨의 힘으로는 도무지 감당할 수 없을 정도로 빠르게 번져 나갔다. 요원지화(燎原之火)의 상황으로 아무리 불을 끄려 노력해도 끌 수 없는 상황이라 둘은 망연자실할 수밖에 없었다.

얼마나 시간이 지났을까? 멀리서 사이렌 소리와 함께 상민 씨 아버지를 포함하여 소방차와 마을 사람들이 보이기 시작했고 그날 초

저녁에야 불은 완전히 꺼졌다. 그제서야 상민 씨는 마루 위에 걸터앉아 멍한 상태로 눈물을 흘렸다. 무엇보다 어린 나이에 감당할 수 없는 화재 현장을 경험한 상민 씨의 마음을 아버지와 어머니 또는 주변 어른들이 따뜻하게 품으며 안심시켜 주어야 하는데 부모님 또한 큰 충격을 받아 상민 씨의 상처받은 마음을 전혀 헤아릴 수 없었다.

그날 이후 한동안 상민 씨는 도무지 잠을 잘 수가 없었다. 계속되는 공포감과 조급함에 사로잡힌 채 어찌할 바를 몰라 불을 끄느라 이리저리 뛰어다니는 자신의 모습이 수시로 떠올랐고 자신의 의도와는 무관하게 불길이 순식간에 번져 나가는 압도감을 느끼며 아무리 몸부림쳐도 불을 끌 수 없었던 무력감에 지배당하는 듯했다. 순간순간 공허하고 허탈했다. 길을 가다가도 건물 저편에서 불이 날 것만 같았고, 산만 보면 당장 불길이 치솟을 것 같아 심장이 벌렁벌렁 뛰고 이마와 겨드랑이에서는 식은땀이 났다.

시간이 지나 어느새 40대 중반이 된 상민 씨는 아직도 그날만 생각하면 온몸의 근육이 경직되고 초조함을 느끼며 자신도 모르게 분노가 차오른다. 자신의 의지와는 반대로 회사에서 기한이 임박한 업무를 마무리할 때나, 아내와 집안 문제로 상의할 때도 감정이 고조되어 서로에게 상처 주는 일이 반복되었다. 오랜만에 어머니를 만나도 반가움은 몇 시간도 가지 않아 불편함으로 바뀌게 되었고 '그날

나는 정말 무서웠는데 왜 나를 안심시켜 주지 않았냐?'고 따지고 묻고 싶었지만 무의식적으로 억압하는 것을 당연하다고 생각했다.

상민 씨처럼 어릴 적 전혀 예상하지 못한 일이 눈앞에 닥쳤는데 그 일을 통제조차 할 수 없었던 트라우마를 경험한 사람들은 성인이 된 이후에도 외상후스트레스장애에 시달린다. 상민 씨가 겪었던 일을 스트레스 관점에서 말하자면 급성스트레스이고, 필자가 연구하고 있는 무기력 관점에서 말하자면 급성무기력이다. 트라우마든 스트레스든 무기력이든 당사자에게 전혀 예측하지 못했던 일(예측 불가능성)이 닥쳤을 때 그 일을 스스로 통제할 수 없는 일(통제 불가능성)로 경험했다면 몸은 이미 그 경험을 기억하고 있다. 이런 사람일수록 현실에서 안도감을 느끼기 위해 남모르게 중독에 빠지는 일이 많다.

우리는 모두
암묵적 감금증후군

잠수종의 삶이 우리의 삶이다

영화 〈잠수종과 나비〉는 글로벌 패션 잡지 엘르'의 잘나가는 편집장이었던 보비가 어느 날 갑자기 뇌졸중으로 쓰러지며 마치 잠수종에 갇힌 듯한 삶을 살게 되는 이야기다. 그는 오직 왼쪽 눈꺼풀 하나를 20만 번 넘게 깜빡여 15개월 만에 책 한 권을 완성했는데, 이 책이 영화의 바탕이 되었다. 책이 출간되기 이전의 과정과 삶은 심해 속 잠수종에 비유되었고, 책 출간 이후 비로소 잠수종에서 빠져나와 꿈에 그리던 자유로운 삶이 나비로 비유된 것이다.

주인공인 장 도미니크 보비는 몸은 움직일 수 없는데 정신은 살아 있는 삶이 과연 의미가 있는지에 대해, 혹은 사고 전 기계와 같았던 일상을 더 이상 이어갈 수 없음에 끊임없이 혼란스러워하며 감금증후군의 현실을 수용하는 과정에 대해 적나라하게 보여 주고 있다. 주인공 보비처럼 행복한 일상에서 갑작스러운 사고로 원치 않게 삶의 방향이 바뀐다면 과연 어떻게 대처하고 살아가게 될까? 주인공처럼 불안하고 불확실한 현재 우리의 삶도 바닷속 잠수종의 삶은 아닌지, 어쩌면 육지 위에서 환경만 바뀐 채 실제의 고통을 내면 깊은 곳에 밀어 넣고 그저 성실하게 열심히만 살아가는 암묵적 감금증후군의 삶은 아닌지에 대해 고찰하게 된다.

 영화 〈잠수종과 나비〉를 보고 난 후 필자는 바로 책을 구매해서 완독했다. 중독 박사 공부를 하는 과정에서 감금증후군(locked-in-syndrome)이라는 단어도 처음 알게 되었다. 무엇보다 감금증후군이 생존을 위해 살아가는 사람들의 불행하고 무기력한 삶을 대변하고 있다는 통찰을 얻게 되었다. 영화에서는 감금증후군을 "꿈속에서 나는 몇 번이고 도망치려 했지만, 기회가 생길 때마다 보이지 않는 무력감 때문에 단 한 발짝도 떼어놓을 수가 없었다. 나는 말하자면 뻣뻣한 조각이었고 미라였으며, 유리관에 갇힌 상태였다"라고 표현하고 있다.

 몸을 움직일 수 없기에 병문안을 오는 어린 자식들의 머리를 쓰다듬을 수도 없고, 고사리 같은 손을 잡을 수도 없다. 사랑하는 아내와 사랑을 나눌 수도 없다. 나이 든 아버지와의 통화에서도 병상에 갇혀 있는 삶이기에 현실적인 고통만 나누며 서로의 안위를 확인하기에 답답했고 안타까웠다. 보비와 아내의 통화 내용 중 "매일매일 당신을 기다려"라는 대사는 감금증후군의 고통과 연민을 가장 적나라하게 느껴지게 했다. 정신만 살아 있는 상태에서 스스로 할 수 있는 것이 아무것도 없는 것은, 몸에 힘은 있으나 의욕이 사라진 상태로 행동하는 것을 포기하는 학습된 무기력과 직결된다.

잠수종의 근원적 고통(loneliness)을 나비의 재창조(solitude)의 에너지로 승화하라

주인공 보비의 무력함은 한마디로 아무것도 할 수 없는 무능감과 무가치감에서 오는 인간의 근원적인 고통이다. 매일같이 보비는 욕구의 학습된 좌절을 통해 슬픔과 회환의 눈물을 흘리며 잠수종의 삶에 익숙해지고, 언어치료사의 도움으로 왼쪽 눈만 깜빡이며 억압된 욕구의 표현으로《잠수종과 나비》를 출간하였으나, 얼마 지나지 않아 생을 마감하게 된다. 보비의 잠수종은 사고 이후 욕구가 결핍된 채 고립과 외로움으로 점철된 삶이었다. 한마디로 '일상 감금에 중독된 삶'이다. 그는 반복된 감금으로 인한 외로움(loneliess)의 고통에 수시로 좌절하면서 자신의 현실을 객관적으로 인정하고 수용하는 혹독한 홀로서기(aloneness)를 통해 고독(solitude)이라는 재창조의 에너지로 책을 출간할 수 있었다.

주인공의 삶처럼 누구에게나 시련과 역경이 찾아온다. 하지만 시련과 역경에 좌절하면서 그 현실의 고통에 머물러 있는 사람이 있는 반면에 시련과 역경에 직면하고 회복탄력성을 발휘해서 남들이 부러워할 만하고 자신이 원하는 삶을 살아가는 사람도 있다. 전자는 '고난에 중독된 삶'이고, 후자는 '즐거움에 중독된 삶'이라 할 수 있다.

보비처럼 극한의 감금된 삶에 처했을 때 과연 우리는 현재와 다가올 미래를 어떻게 대처할 수 있겠는가? 그 감금된 삶에서 빠져나와 스스로 만족하고 남들이 부러워할 만한 삶을 살며 현재보다 더 행복한 삶을 살기 위해서는 어떻게 해야 하는지를 수시로 자신에게 묻고 답할 수 있어야 한다.

의무 NO
권리 YES

불공평에 억울한 피해자 증후군

 20대 중반 민호 씨는 집안의 4대 독자로, 고등학교를 졸업하고 중소기업에서 근무한 지 2년째가 되었다. 손이 귀한 집안의 아들이었기에 그는 경제적으로 여유롭고 풍족하게 누리며 성장기를 보냈다. 더불어 민호 씨의 부모님은 그가 학교 공부를 게을리해 성적이 좋지 않을 때에도 "너는 머리가 좋아서 천천히 공부해도 괜찮아"라며, 최선을 다하지 않는 민호 씨를 꾸짖기는커녕 오히려 두둔하는 모습을 보였다. 부모님은 그가 고등학교 졸업 후 군대를 전역하고 운전면허증을 따자마자 아들 기를 살려준다는 명목으로 외제차를 사주기도 했다. 마음에 드는 여자가 있으면 집도 사주고 뭐든지 다 해줄 테니 언제든지 결혼해도 된다고 할 정도로, 아들의 행복한 삶을 위해 지극정성이었다.

그런데 민호 씨는 최근 들어 회사에 출근하기 전부터 짜증이 났고 팀장만 보면 화가 났다. 코로나19 이후 회사의 사정이 급격히 나빠지면서, 6개월 전부터는 임금 체불이 반복되었고 설상가상으로 입사하기 전에 받은 금융권 대출의 만기도 도래했다. 최근 친구로부터 소개받은 여자친구와 함께 제주도 여행을 가기로 약속했는데, 돈이 넉넉하지 않아 답답함이 밀려왔다. 체불된 임금이 나오기만을 간절히 기다리고 있었다.

여러 가지 상황이 겹치다 보니 자연스레 회사 업무는 대충대충 하고 인터넷 서핑으로 시간을 낭비하며, 상사들의 업무 지시에 "네~ 알겠습니다"라고 형식적인 답변만 할 뿐 일을 제대로 하지 않는 경우가 빈번했다. 쉬는 시간이나 점심 식사 시간에는 동료들에게 "나 이번 달에 밀린 급여가 나오지 않으면 무조건 퇴사할 겁니다. 그리고 바로 노동청에 임금 체불로 민원 접수하고요. 정말로 열받아서 여기서 근무 못 하겠어요"라며 수시로 불평불만을 늘어놓았다. 동료들은 그런 민호 씨와 함께 일하는 것이 부담스러워 점점 그와 거리를 두게 되었다.

평소 민호 씨의 이런 근무 태도를 예의주시하며 지켜본 팀장은

"민호 씨, 근무 시간에 인터넷을 하는 것은 회사 근무 규정에 어긋나는 행동이니 하지 마세요. 몇 번 경고 했는데 이런 행동을 반복한다는 것은 직원들과 팀장을 존중하지 않는다는 겁니다!"라고 주의를 주었다. 이에 민호 씨는 "내 일만 하면 되지, 팀장님이 무슨 상관이에요? 근무 중에 잠깐 인터넷 하는 것이 큰 문제인가요? 급여도 못 주면서…"라며 불손한 답변으로 사무실 분위기를 흐리기까지 했다.

그러던 중 여자친구와 제주도 여행을 하루 앞둔 날, 한껏 들뜬 민호 씨는 업무는 하는 둥 마는 둥 대충 처리하고 퇴근 시간만 기다렸다. 그리고 팀장에게 "팀장님, 저 내일부터 휴가예요. 참고하세요"라고 메신저를 보냈다. 그러자 팀장으로부터 "퇴근 시간 전까지 지난주에 지시했던 업무 마무리해서 보고하고 가세요"라는 답변이 왔다. 이 말에 화가 난 민호 씨는 "팀장님이 뭔데 내 휴가를 통제해요? 지난달에 미리 휴가를 내놨으니 휴가 갑니다. 방해하지 마세요. 영업팀 김 대리도 똑같이 내일부터 휴가인데 왜 나만 못 가게 해요? 이건 너무 불공평하잖아요"라며 일방적으로 통보식의 답변을 했다.

이 일이 있고 난 후 팀장은 업무 보고를 완료히지 않은 민호 씨의 휴가를 통제했고 이에 화가 난 민호 씨는 그날 오후에 바로 사직서를 제출했다.

풍요의 저주로 인한 악순환의 고리

현재 기업과 조직에서는 이와 유사한 사례들로 인해 많은 갈등이 일어나고 있다. 코로나19 이후 비대면 업무에 익숙해진 조직문화의 단면을 보는 듯하지만 사실 그보다 더 큰 문제는 따로 있다. 그것은 바로 지나치게 풍족한 성장 환경의 결과물이다. 조금 더 쉽게 말하면, 자녀가 부족과 결핍을 느끼지 못하도록 양육자가 지속적으로 풍족함만 경험시킨 나머지, 부족한 상황에서 오는 불편을 조금도 감당하지 못하는 현상이다. 위의 사례처럼 부모들이 알아서 다 채워 주는 환경에서 성장한 사람들의 전형적인 특징이라고 할 수 있다. 이것을 풍요의 저주라고 한다.

이렇게 풍족을 많이 경험한 사람들은 세상의 중심이 자기 자신이어서 타인을 배려하거나 공감하는 이타성을 발휘하는 것을 어려워한다. 조직에서 상사의 지시와 충고를 받아들여 업무의 생산성을 올리기보다, 지시와 충고를 자신에 대한 공격으로 인식하여, 더 큰 공격성을 표출하거나 예의 없는 행동을 반복하며 미숙한 방식으로 자신을 방어하는 것에만 온 힘을 쏟게 된다. 그러다 보니 시간이 지날수록 주어진 직무와 관련된 생산성은 떨어질 수밖에 없고 주변 사람들과의 관계에서까지 고립되고 만다.

조직에서 주어진 일을 열심히 하다 보면, 보너스든 휴가든 보상이 따르기 마련이다. 민호 씨처럼 휴가를 가는 것은 직장인이 마땅히 누릴 수 있는 권리이지만, 이 권리를 주장하기 위해서는 팀장이 지시한 업무를 잘 마무리해야 하는 의무도 충실히 이행해야 한다. 선 의무 이행, 후 권리 주장이다. 그렇지 못하면 항상 본인만 억울하고 불공평하다고 느끼는 피해자 증후군에 사로잡힐 수밖에 없는 악순환에 빠지고 만다.

애착 트라우마가
남긴 흔적

영화 〈굿 윌 헌팅〉은 애착 트라우마가 있는 수학 천재 월이 치료사를 만나 변화하고 성장하는 치유의 과정을 다룬 이야기다. 20세의 남성 월은 혼자 거주하면서 집에서 지하철로 40분 거리에 있는 MIT 공대에서 단순노동인 청소 업무를 하고 있다. 고아로 외롭게 성장하면서 배움의 기회를 충분히 누리지 못한 것에서 오는 열등감을 해소하기 위해, 최고의 대학에서 청소부로 일하면서 대리만족을 느끼는 것처럼 보인다.

월이 보여 주는 가장 중요한 상담학적인 이슈는, 성장 과정에서 여러 번의 입양과 파양으로 '품어 주는 환경(Holding environment)'을 제공받지 못한 것이 결핍으로 남아 대인관계에서 끊임없이 문제가 반복되는 것이다. 어릴 적 친구들의 괴롭힘을 기억하고 있던 그는 오랜만에 만난 친구들을 농구장에서 폭행할 정도로 억압된 분노와 공격성이 강했고, 타인을 의심하고 경계하며 적대적으로 대하는 성향이 높았다. 그는 경찰서를 들락거리며 많은 전과를 소유하게 되었다.

그런데 그는 제대로 된 정규 교육을 받아본 적이 없음에도 불구하고, 다수의 폭행과 절도 사건 등의 재판에서 스스로를 변호할 만큼 탁월한 두뇌를 소유하고 있었다. 하지만 안타깝게도 이러한 천재성을 제대로 발휘하지 못하고, 단순노동을 하며 미래에 대한 희망과 기대 없이 하루하루 무의미한 인생을 살아간다. 그는 잠재되어 있는 우울과 불안으로 부정적 정서를 수시로 느낀다.

무엇보다 여자친구 스카일라를 만나게 되면서, 원가족에서 오는 건강한 관계 경험과 성장의 자양분이 채워지지 않은 자신의 결핍을 숨기기 위해 계속해서 거짓된 말로 일관한다. 급기야 캘리포니아로 이사 가자는 말에 스카일라의 사랑을 의심하게 되면서 과거 입양과 파양의 반복을 통해 경험한 거절과 상실, 쇠질의 감정이 재현된다. 결국 반복된 애착 실패에 대한 정점을 찍는다. 어린 시절 좋은 접촉을 하지 못한 채 어른이 되어 사람과 세상을 바라보는 시각과 태도가 완전히 왜곡된 것이다. 그는 타인에 대한 부적응적 경험과 우울과 불안의 부정적 정서를 건강하게 해결하지 못하고 공격적이고 충동적인 방식으로 상황을 대처했다. 급기야 소중한 사람들이 자신을 떠나가게 만드는 역기능적인 대인관계를 반복했다.

윌은 MIT 공대의 청소부로 일하면서, 자신의 탁월한 수학적 재능을 알아본 램보 교수의 소개로 치료사들을 소개받는다. 그는 애착 트라우마를 치료하는 과정에서 지식화와 수동적 공격성 같은 방어기제를 사용하면서 성실하지 않은 태도로 치료적 동맹을 맺지 못한다. 윌의 이런 부적응적 패턴은 성장기에 원가족으로부터 버림받은 상실 경험과, 안정된 양육 환경에서 오는 심리적 만족감인 친밀감과 보살핌 대신 입양과 파양을 반복하는 과정에서 학대와 방치, 폭력으로 인해 타인에 대해 건강하지 못한 내적 표상을 형성하게 되었음을 의미한다. 이는 곧 건강한 관계 경험의 반복된 실패로 인한 애착 트라우마에서 기인한다.

부모의 삶의 기준에 맞춰진 삶

반복된 좌절 경험이 무기력을 유발한다

약 6년 전 초가을 늦은 밤으로 기억한다. 종일 8시간 강의 후 다음 날 강연 일정 때문에 일찍 침대에 누워 잠을 청했는데 메시지가 왔다. 평소에는 잠을 자기 전에 핸드폰 벨소리를 무음으로 전환하는데, 그날따라 너무 피곤한 나머지 깜빡하고 침대에 누웠다. 보통 늦은 밤이나 이른 아침에 오는 전화나 문자는 유쾌하지 않은 소식들이 대부분이어서 확인을 보류하는데, 잠깐 고민하다가 메시지를 확인했다.

내용은 이러했다. "우선 늦은 시간에 문자를 드려서 정말 죄송합니다. ○○에 사는 30대 초반의 남성 박근우입니다. 작가님의《무기력 수업》책을 감명 깊게 읽고 문자 드려요. 제가 10년 가까이 무기력합니다. 최근 들어 저의 진로와 미래가 더 불안해서 어떻게 살아야 할지 몰라 답답해서요. 무엇보다 지긋지긋한 무기력에서 탈출하고 싶어요. 도와주세요"라는 내용이었다. 보통 강의나 교육 중에 온 문자들은 "제가 무기력한데 어떻게 하면 되죠?"라거나 "무기력 탈출법 좀 알려 주세요" 또는 "저희 아들이 집에 틀어박혀 게임만 하고 아무것도 안 하려고 해요. 어떻게 해야 하죠?"라는 식의 일방적이고 예의 없는 문자 내용들이 대부분이라서 문자를 확인하고 나면 솔직히 유쾌하지 않은 기분이 앞선다.

하지만 근우 씨는 문자를 통해 자신에 대한 정보를 예의 바르게 알려줬고 현재 스스로 느끼고 있는 증상에 대해 절실함이 느껴졌던 터라, 바로 답변을 할 수밖에 없었다. 나는 "문자 잘 확인했습니다. 내일 오후 1시 이후에 통화가 가능하니 전화 주세요"라고 답변했다. 다음 날 약속한 시간에 근우 씨와 통화를 마치고 2주 후 신촌에 있는 ○○상담실로 상담 일정을 잡았다. 상담 당일 근우 씨의 첫 이미지에 깜짝 놀랐다. 180cm 이상의 훤칠한 키와 영화배우 뺨치는 외모에 세련되고 지적이기까지 해서 도무지 무기력과는 거리가 먼 사람인 것처럼 보였다.

"반가워요. 무슨 일이 있었는지 하고 싶은 얘기가 있다면 해줄 수 있나요? 아무 얘기라도 좋습니다."

근우 씨는 차분하고 담담하게 그동안 살아왔던 과정에 대해서 풀어 놓았다. 근우 씨의 성장 환경은 이러했다. 부모님은 두 분 모두 명문 대학교를 졸업하고 각각 법조계와 교육계에 종사하고 있었고, 근우 씨보다 3살 위의 형 또한 S대학교 졸업 후 미국에서 박사학위를 마치고 국내 H기업에서 근무하고 있었다.

"그럼 근우 씨는 어느 학교에서 무엇을 전공했나요?"

"네, J대학교 OO학과를 수석으로 졸업했어요."

서울에 있는 J대학교를 수석으로 졸업했다면 대단한 인재라고 할 수 있는데, 정작 근우 씨 자신은 그렇게 생각하지 않았다.

어릴 적부터 부모님은 근우 씨를 냉담하고 차갑게 대했고 당신들의 사회적 지위와 체면 때문에 항상 최고를 강요했다. "이번 중간고사에는 왜 수학이 2개나 틀린 거야? 형은 만점인데 너는 왜 항상 이 모양이야?" "형 절반만이라도 따라가면 뭐가 잘못되니?" 등 형과의 비교를 통해 열등감과 반복된 좌절을 느끼게 했다. 비교 대상은 형뿐만이 아니었다. "엄마 친구 막내딸 OO이 알지? 이번에 S대학교에 합격했다. 휴, 내가 속이 상해서…. 너 때문에 창피해서 얼굴을 못 들고 다니겠다" 등의 말을 수시로 듣고 자랐다. 그는 정서적으로 소외되고 방치당했다.

사실 근우 씨는 군대를 전역하고 대학교 졸업 전부터 취업하려고 노력했지만, 계속 2차 면접에서 떨어지면서, 무언가에 쫓기는 듯한 초조함과 불안함이 극에 달한 상태였다. 취업에 실패할 때마다 부모님이 어릴 적 형이나 주변 사람들과 비교하던 말들을 자신도 모르게 반추하며 '이번에도 떨어질 줄 알았어. 아무리 노력해도 너는 또 떨어질 거야'라며 스스로를 비난했다. 또 '내가 취업을 한다 해도 부모님은 이번에도 칭찬하지 않을 거야. 오히려 떨어지는 게 나아'라며 합리화했다.

첫 번째 상담을 마치고 두 번째 상담을 약속한 날 상담 장소로 이동하던 도중 근우 씨에게 문자가 왔다.

"대표님, 지난번 상담을 마치고 2주 동안 개인적으로 큰 변화가 있었어요. 죄송하지만 제가 OO으로 유학을 가기로 결정했습니다. 그래서 약속한 상담을 못할 것 같아요. 정말 죄송합니다."

나는 문자를 확인하자마자 "괜찮습니다. 근우 씨의 결정을 이해합니다. 꼭 원하는 목표를 이룰 수 있도록 응원하겠습니다"라는 답변을 보냈다. 그렇게 상담은 종결되었다.

목표를 방해하는 은밀한 방해자, 학습된 무기력

코로나19 이후 집필한 《무기력 수업》을 출간한 이후로 강연과 상담이 부쩍 늘었다. 특히 자신이나 자녀들의 무기력에서 탈출하는 방법에 관한 문의가 가장 많았고, 20대부터 30대들의 목표를 성취하는 방법을 포함하여 부부 문제, 직장에서 상사와 부하 직원 사이의 소통 및 갈등을 해결하는 방법에 대한 요구가 많았다. 코로나19 시기에 버티고 버티다가 개인 회생과 파산에 이른 자영업자들의 번아웃에 관한 교육들도 제법 늘어나고 있는 현실이다.

특히 지방자치단체 인재개발원에서는 각 시·군 일꾼들을 양성하는 핵심리더양성 과정을 포함하여 일과 가정의 조화로운 삶 이해 과정이나 친절 마인드 함양, 회복탄력성 강화에 대한 강좌가 신설되고 있다. 이러한 강좌들의 공통점은, 정신적 빈곤을 채울 수 있는 인문학적 통찰과 직결되어 있다는 것이다. 이에 대한 수요와 요청이 늘어나고 있는 근원적인 이유는 활력 있는 삶 이면에 숨어 있는 무기력 때문일 것이다.

사실 이런 문제들 대부분의 기저에는 '학습된 무기력'이라는 원인이 있다. 조금 더 깊게 들어가면 학습된 무기력의 이면에는 크고 작은 트라우마로 인한 핵심 기저들이 있다. 하지만 당사자들은 무기력한 증상만 호소할 뿐 정작 무기력해진 원인과 무기력에서 발출하는 방법 또한 알 수 없기에 결국 무기력에서 탈출할 수 없게 된다.

근우 씨처럼 무기력에서 탈출하지 못한 채 유학을 가면 원하는 목표를 성취하는 과정이 만만치 않을 것이다. 해결되지 않은 무기력은 관용 없이 위력을 발휘하여 또다시 좌절을 경험하게 할 것이기 때문이다. 스스로 최선을 다하다가도 어떠한 상황이나 사건에 의해 자신의 의지와는 무관하게 또다시 무기력에 빠져서, 계획했던 시간보다 더 많은 시간을 낭비하거나, 자신의 현실적인 능력에 비해 원하는 이상이 너무 크다는 것을 깨닫고 나면 반복된 좌절을 통해 또다시 무기력에 빠질 수 있다.

그래서 무기력한 사람일수록 자신이 원하는 목표를 성취하기 위해서는 목표를 성취하기 이전에 반드시 무기력해진 원인을 명확히 알고 무기력에서 탈출하는 것을 첫 번째 목표로 삼아야 한다. 그러고 난 다음에 원하는 목표를 성취하기 위해 최선을 다해 노력해야 한다. 하지만 무기력에서 탈출하지 않고 목표를 성취하려고 한다면 반복된 실패 경험으로 인해 또다시 실패할 확률이 높아, 무기력과 실패라는 악순환의 고리에 빠져 불행한 삶을 살 수밖에 없다.

제2장

결핍의 심리학

트라우마는 인식체계를 재편한다

반복된 고통의 재현, 반복강박

트라우마(Trauma)란 '어떠한 사건으로 인해 정신적으로나 심리적으로 충격이나 상처를 받은 상태'를 말한다. 1장의 여러 사례처럼 크고 작은 트라우마를 경험한 사람들은 그 일에 직접적으로 노출된 자신뿐만 아니라 주변 사람에게까지 영향을 미친다. 특히 어릴 때 갑작스럽게 겪은 충격일수록 그 영향이 크다. 자신이 경험한 일을 떠올리면 너무 불안해서 아무 일도 일어나지 않은 것처럼 행동하며 살아간다. 그러나 그 불안하고 초조한 감정 자체가 고스란히 마음 한 부분에 남아 그와 유사한 사건이나 상황에 부딪힐 때면 사건이나 상황을 통제하지 못할 정도로 이전에 몸이 기억했던 감정이 자신도 모르게 다시 재현된다.

최근 많은 사람을 슬프게 했던 항공기 추락 사건이나 이태원 참사, 또는 과거에 전쟁이나 지진, 쓰나미, 태풍과 같은 큰 재앙을 경험한 사람들은 그러한 경험으로 인한 극도의 흥분이나 두려움 등의 감정을 느끼는 것에 괴로워하며, 사건이 한참 지난 후에도 마치 집과 땅이 흔들릴 것 같다거나 잠자는 동안 쓰나미가 집을 덮칠 것 같은 외상후스트레스장애에 시달린다.

또 어릴 적 학대와 방치, 상실, 폭력, 무시, 비교 등에 반복적으로 노출된 경험이 있는 사람들은 내면에서 강렬하게 치솟는 분노와 수치심을 느낀다. 그러다가 정서적으로 무감각한 상태에 처하게 되고, 멍하게 창문만 바라보거나 머릿속이 텅 비어 있으면서 마치 몸이 둥둥 떠다니는 느낌을 호소하며 자신이 겪은 상황을 애써 외면하고자 '해리'라는 방어기제를 사용하기도 한다. 또한 사람과 세상을 바라보는 시각이 심각하게 왜곡된다. 해리란 학대나 폭력, 유기와 방치 등 현실적으로 감당하기 어려운 상황에 직면했을 때 도피하려고 하거나 단절시키려고 하는 현상을 말한다. 방어기제는 2장에서 조금 더 살펴보기로 하자.

《몸은 기억한다》의 저자 반 데어 콜크 박사는 "트라우마는 그저 과거 어느 때 일어나 끝난 사건이 아니라, 그 경험이 마음과 뇌, 몸에 자국으로 남을 수 있다. 이 자국은 인간이라는 유기체가 현재를 살고 살아남기 위해 애쓰면서 계속 발생하는 결과물이다. 트라우마는 마음과 뇌가 인지한 정보를 다루는 방식 자체를 근본적으로 재편한다. 우리가 생각하는 방식과 생각하는 것을 바꾸어 놓을 뿐만 아니라 생각하는 능력도 변화시킨다. 실질적인 변화를 유도하려면 위험 요소가 지나갔다는 사실을 신체가 깨닫게 해주고 주어진 현실을 살아갈 수 있어야 한다"라고 했다.

정말 무서운 것은 트라우마를 치료하지 않으면 평생 외상후스트레스장애에 시달린다는 것이다. 외상후스트레스장애란 보통의 인간 경험을 벗어난 심리적인 외상 사건 이후에 나타나는 지속적인 증상들을 의미한다. 지속적인 외상 사건의 재경험이나 외상과 연관된 자극에 대한 지속적 회피 및 주위 자극에 대한 일반적 반응의 둔화 또는 다양한 정도로 나타나는 자율 신경계 및 인지 기능 이상, 울적함 따위가 증상으로 나타난다. 하지만 그런 사건을 겪은 사람들 대부분은 자신이 정신적으로나 심리적으로 심각한 충격을 받았다고 인식하는 것이 힘들다. 그들은 막연하게 생존을 위해서만 살아갈 뿐 정상적인 성인으로 건강하게 기능을 다하지 못하게 된다. 특히 사람과 친밀하게 어울리는 것에 불편과 어려움을 느끼고 깊이 있는 관계를 오래 유지하지 못한다.

《몸은 기억한다》에서 제프리 그레이 교수는 자신이 뇌에서 어떤 소리와 이미지, 신체 감각을 위협으로 받아들일 것인지 결정하는 한 무리의 뇌세포인 편도체에 대해 설명했다. 그레이 교수가 제시한 데이터에 따르면, 편도체의 민감도는 그 부위에서 분비되는 신경전달물질인 세로토닌의 양에 따라 어느 정도 좌우된다. 동물 실험에서 세로토닌 수치가 낮은 동물들은 스트레스를 유발하는 반응(시끄러운 소리 등)에 과잉 반응을 보이는 반면 세로토닌 수치가 높으면 뇌 공포 체계의 반응이 약화되어 위험 가능성이 있는 자극에 공격성을 보이거나 얼어붙는 경우가 감소하는 것으로 나타났다. 그레이 교수의 연구에서 세로토닌 수치가 낮은 동물들처럼, 트라우마 환자들 역시 과잉 반응을 보이고 사회적인 대처 능력이 약화되는 경우가 많았다.

1장에서 어머니의 부주의로 인해 큰 산불을 경험한 상민 씨 또한 산불에 압도당했던 자신이 아무것도 할 수 없는 존재였다는 것에 반복된 좌절감과 무력감을 느끼며 살아왔다. 산불이 진화된 지 수십 년이 지났지만 상민 씨의 내면 깊숙한 곳에는 일과 생활에서 밀려오는 스트레스로 감당할 수 없는 상태이거나 사람과의 관계에서 소외감을 느낄 때면 자신의 의지와는 무관하게 과거에 아무리 산불을 끄려고 해도 끌 수 없었던 그날의 사고와 감정, 감각이 재현되었다.

이처럼 트라우마의 무의식적인 재현은 우리의 뇌에서 두려움이나 공포를 관리하는 편도체의 기능 저하를 유발하여 행복감에 관여하는 신경전달물질인 세로토닌을 줄이고 반대로 코티졸과 같은 스트레스 호르몬을 증가시킨다. 이러한 현상이 반복될수록 반복강박에 시달릴 가능성이 높다. 반복강박이란 괴롭고 고통스러웠던 과거의 상황을 반복하고자 하는 강박적인 충동을 의미하는데 이런 충동을 지닌 사람은 자신이 그와 같은 사건이나 경험을 유발한다는 사실을 인식하지 못한 채 고통을 주는 행동들을 반복하고 후회하게 되는 악순환의 고리에 빠지게 된다.

결국 일상에서도 편안함보다는 따분하고 지루한 감정과 공허함을 느끼는 빈도가 늘어나 느끼지 말아야 할 감정을 반복해서 느끼게 되고 자신이 통제할 수 없었던 과거의 기억에 더 집착하게 되는 반복의 노예로 살아가게 된다.

무기력과 수치심에 찌든 자아정체감

　기철 씨는 술에 취한 아버지의 모습을 상상하는 것만으로도 집에 들어가기가 싫었다. 아버지가 술에 취해서 죽어 버리면 가족이 마음 편하게 살 수 있을 것 같은 부도덕한 생각도 많이 했다. 여느 날과 비슷하게 인사불성이 된 모습으로 집으로 오는 길 옆 배수로 안에서 세상모르게 잠을 자고 있거나, 몸의 하반신은 길 위에, 상반신은 배수로 안에 놓인 채 꼬꾸라져 있는 아버지의 모습은 누가 보기에도 창피하고 민망하기 그지없었다. 아버지의 그런 모습을 볼 때면 한없는 수치심이 밀려왔다.

　본디 수치심이란 감정은 내가 사는 현재가 무엇인가 잘못되어 가고 있다고 느끼는 것을 의미하는데, 기철 씨는 스스로 부끄러워할 필요가 없는데도 아버지의 망가진 모습을 보면서 수치심을 느꼈다는 것에 주목할 필요가 있다. 술에 취해 노숙자처럼 변해 버린 아버지의 모습을 혼자 보았다면 덜 창피했겠지만, 마을 사람들이나 또래들이 보게 될 때면 창피함을 넘어 스스로 견디지 못할 만큼의 수치심이 유발되었기 때문이다. 그럴 때마다 기철 씨는 말로 표현할 수 없을 만큼 아버지에 대한 원망과 절망이 가득했다.

술에 취해 가족들에게 폭언과 폭행을 일삼는 아버지의 모습을 보면서 성장한 기철 씨는 수치심이 내면화되기에 충분했다. 기철 씨의 마음속은 이미 수치심으로 중독되었다. 정말 무서운 것은 어린 시절 부모의 수치스러운 모습을 자주 보면서 성장한 아이들은 그것을 부모의 것으로 받아들이지 않고 본인 것으로 받아들여 마음속에 '수치심이 내면화'된다. 이러한 악순환이 반복되면 수치심을 경험하지 않고서는 살 수 없는 존재가 되어 무의식적으로 수치심이 유발되는 행동을 하게 되는 '수치심 중독'으로 발전하게 된다.

기철 씨 또한 어릴 적 아버지로부터 감당할 수 없을 만큼의 폭행과 폭언으로 지속적인 수치심에 노출되어 본인의 의지와는 상관없이 마음 깊은 곳에 수치심에 찌든 자아정체감이 형성될 수밖에 없었다. 이런 수치심을 외면하고자 본드와 부탄가스에 중독되어 가족에게서 받아야 할 사랑과 관심을 사물로 대신할 수밖에 없었다. 수십 년이 지났지만 자신이 가장 싫어했던 아버지와 똑같은 자신을 마주할수록 수치심에 괴로움을 느낀다고 했다. 이러한 수치심에 찌든 자아정체감을 가진 사람들의 삶은 어떠한 경우라도 무조건 살아남는 것에 초점이 맞춰져 있다. 한마디로 살아내려고 하는 몸부림이다. 삶의 수준 또한 밑바닥이어서 자신의 환경을 통제할 수도 없을뿐더러 무엇인가 새로운 도전과 목표를 정해 놓고도 대부분 쉽게 포기해 버리는 악순환이 반복되고야 만다.

특히 무기력이나 수치심에 찌든 자아정체감이 형성된 사람들은 자신을 대접하고 꾸미는 데는 관심이 없고 자신을 방치하다시피 하는 일상이 반복된다. 가끔 수치심과 무기력을 떨쳐내고자 몸을 고단하게 하고 소일거리로 하루하루를 일관하며 무턱대고 바쁘게만 사는 사람들이 있는데 그렇게 해서 문제가 해결되는 것이 아님을 깨달아야 한다. 이를 위해서는 스스로 생각하는 수준 즉, 정신 레벨을 수치심 레벨보다 높은 단계로 끌어 올려야 한다.

박경숙의 《문제는 무기력이다》에서는 미국의 정신 진화 전문가 데이비드 호킨스의 이론을 소개한다. 그는 인간의 의식 수준을 1에서 1,000까지의 수치로 설명하며, 각자의 정신을 어떤 단계의 값으로 표현했다. 정신을 레벨로 나누고 수치화한다는 점에서 비판도 많이 받았지만 많은 사람에게 통찰의 기회도 주었다. 그 결과 수많은 추종자가 생겼으며 세계적인 관심을 받게 되었다. 그는 예수와 부처의 의식 레벨은 1,000, 간디는 700, 아인슈타인과 뉴턴, 프로이트는

499라고 했다. 여기서 수치는 대수의 의미이므로 의식 수준 50과 55는 5만큼의 차가 나는 것이 아니고, 지수 값만큼 차이가 난다. 그 수치의 절대값이 진실인지 아닌지는 여기서 논하지 않겠다. 그러나 그가 단계별로 정리한 의식지도는 현재까지 정신을 연구한 철학자·의학자·심리학자가 이미 발표했거나 우리가 막연하게 알고 있던 것을 체계적으로 정리한 것으로 볼 수 있다. 따라서 그의 지도에 나타난 '무기력'의 위치를 통해 객관적인 '무기력'의 상태와 의식 레벨 전체에서 무기력이 다른 정신 레벨과 어떤 관계를 갖는지 엿볼 수 있다.

호킨스 박사는 인간 정신의 가장 높은 레벨을 깨달음으로 설정했다. 깨달음 아래 평화·기쁨·사랑·이성·포용·자발성·중용·용기·자존심·분노·욕망·두려움·슬픔·무기력·죄의식·수치심의 정신 단계를 차례로 분포시켰다. 그는 무기력을 죄의식, 수치심과 함께 인간 의식의 아주 낮은 레벨에 두고 있다. 그는 의식을 수치화하며 200 이하의 수준에 기본적으로 깔려 있는 삶의 태도가 '살아남기'라고 했다. 특히 50 이하의 '무기력, 죄의식, 수치심' 단계에서는 가난과 결핍에서 비롯된 절망과 우울이 정신을 지배하고, 그 윗단계인 125 '욕망'과 150 '분노' 단계인 사람은 생존하기 위해 자기 위주의 충동적인 행동을 하며 175인 '자존심'의 수준에 이르면 다른 사람에게도 역시 살아남으려는 본능이 중요하다는 사실을 이해하기 시작한다.

예를 들어 호킨스 박사는 미국 해병대를 이끌어 가는 힘이 바로

이 '자존심'이라고 했다. 표에 따르면 200대 이하에서는 겨우 생존을 유지하는 삶을 영위하지만, 긍정과 부정의 1차 분기점인 200 '용기'에 이르면 다른 사람의 안녕을 중요하게 느낀다. 200대 중 낮은 수준에서 미숙련 노동자가 나타나고 200대 중간 수준에서 조금 숙련된 노동자가 나타나며, 높은 수준에서는 숙련된 노동자·상인·소매업자가 나타난다.

LUX	의식수준	감정	행동
700~1000	깨달음	언어이전	순수의식
600	평화	하나	인류공헌
540	기쁨	감사	축복
500	사랑	존경	공존
400	이성	이해	통찰력
350	포용	책임감	용서
310	자발성	낙관	친절
250	중립	신뢰	유연함
200	용기	긍정	힘을 주는
175	자존심	경멸	과장
150	분노	미움	공격
125	욕망	갈망	집착
100	두려움	근심	회피
75	슬픔	후회	낙담
50	무기력	절망	포기
30	죄의식	비난	학대
20	수치심	굴욕	잔인함

POWER ↑
FORCE ↓

출처: 데이비드 호킨스 《의식혁명》

그리고 300에서는 기술자·숙련공·경영인·소박한 사업가가, 300대 중간 레벨에는 전문 경영인·기능공·교육자가 해당되는데, 가족이나 이웃을 초월해 국가와 국가의 복지를 생각할 줄 아는 세계관이 형성되는 단계라고 할 수 있다. 400대 수준에서는 지성이 중요해진다. 식자층과 전문가·과학자·고급 행정 관리 등이 이 레벨에 해당하는 사람들로 이들은 사회현상에 대한 이해가 깊고 예술과 문화를 사랑하며 정치가·발명가·산업계 지도자가 나타나며 노벨상 수상자도 여기에 해당한다. 아인슈타인과 뉴턴, 프로이트가 500대로 도약하지 못한 이유를 두고 호킨스는 그들 이론이 사랑에 대한 '통합'을 이루지 못하고 편협성에서 벗어나지 못했기 때문이라고 평가했다.

2차 분기 지점인 500 '사랑'의 단계에 이르면, 다른 사람의 행복을 고려하게 되어, 그것이 그 사람을 움직이는 필수적인 요소로 자리 잡는다고 한다. 이들은 지도자가 되기를 원하지는 않지만 다른 사람들의 지지로 지도자가 되며, 음악·미술·건축 등에서 걸작을 남겨 많은 사람이 이들과 함께 있는 것만으로도 의기가 고양된다. 500대의 높은 단계에는 수많은 사람에게 귀감이 되는 영저 지도자가 속한 레벨로 자신의 분야에서 새로운 관점과 이해를 창조해 인류 전체에 기여한다. 그리고 600대에 가까워지면, 자신뿐만 아니라 다른 사람들의 영적인 각성에 관심을 갖게 되고 인간의 선과 깨달음을 추구하는 것을 삶의 기본적인 목표로 삼는다.

700에서 1,000에 이른 사람은 모든 인간의 구원을 추구하는데 부처·예수·크리슈나와 같은 종교 지도자가 이 단계에 해당한다고 그는 말한다. 그러면 호킨스 박사가 설명하는 무기력은 어떤 상태일까? 그의 첫 번째 저서 《의식혁명 Power vs. Force》에서 밝힌 무기력의 증상은 다음과 같다.

　"무기력은 빈곤, 절망, 자포자기와 연관이 깊다. 현재와 미래가 황폐해 보이고, 비애가 인생의 주제로 보인다. 무기력은 아무 희망이 없는 상태로, 여기에 속해 있는 사람들은 모든 면에서 도움이 필요하다. 그러나 그 도움조차도 그들에게는 쓸모없게 느껴진다. 삶에 대한 의욕이 없이 허공을 응시하고 자극에 무감각하며 시선이 더 이상 어떤 사물을 쫓지 않고 주어진 음식조차 삼킬 에너지가 없는 상태에 이른다."

　기철 씨의 성장 환경 또한 호킨스 박사가 말하는 의식지도에서 최하위 단계인 수치심 단계(수치 20)에 머물러 있었다는 것을 알 수 있다. 그는 아주 가끔 멍하게 체념하듯 앉아 있는 자신의 모습이 '그래서 그랬구나'라고 이해할 수 있게 되었다고 했다. 바로 상위 두 단계인 죄의식(수치 30)과 무기력(수치 50) 단계보다 더 낮은 단계, 그냥 오로지 하루하루를 살아내는 것에 급급한 삶이었다. 그런 정신 레벨에서 어떻게 건강한 몸과 마음이 자랄 수 있었겠는가?

　그렇다면 트라우마로 인해 무기력한 사람은 어떻게 해야 할 것인가? 호킨스 박사는 의식의 단계를 상승시키는 것이 어려운 일이긴 하지만, 노력을 기울이면 가능하다고 한다. 그것은 심리학자들이 끝없이 탐구하는 인간 정신의 진화 과정과 비슷하다. 무기력은 자발성을 상실한 상태이므로 자발성을 회복하는 단계까지 올라가면 무기력은 극복된다고 볼 수 있다. 물론 자발성 이상의 레벨까지 계속 상승할 수 있다면 점점 성장, 진화하고 정신의 자유를 누리며 인류와 역사에 큰 영향을 미칠 수 있을 것이다.

또한, 박경숙은 《문제는 무기력이다》에서 무기력을 발생시키는 원인을 어린 시절 양육 방식, 누군가에 의해 억압된 학습, 유전적으로 무기력에 약한 체력, 의존적이거나 강박적인 성격적 특성으로 남들보다 강하게 무기력을 겪는 데서 보았고, 더불어 자신이 자기를 바라보고 평가하는 방식에 문제가 있는 인지 부조화의 결과일 수 있음을 언급하고 있다. 그중에서 가장 치명적인 것은 학습된 무기력으로, 스스로의 선택과 결정이 아닌 어느 무엇인가에 의해서 배워 버리는 무의식적인 무기력이다.

열심히 최선을 다해 살다가도 가끔 자신도 모르게 무기력해졌던 원인이 스스로의 선택과 의지가 아니라 부모의 안정된 돌봄과 보살핌이 없는 좌절된 환경에서 기인했다는 것을 깨달아야 한다.

당신도
심리적 미숙아

누리지 못한 채 성장한 사람들

이병준 박사의 《가족의 재탄생》에서는 어린 시절을 충분히 누리지 못한 사람들은 사람과 관계하는 일이 힘들다고 했다. 누리지 못한 것이라 함은 안정된 환경에서 오는 심리적 만족감이다. 사람이 사람과의 관계가 어려우면 사물과 놀려고 하는데 그것이 중독을 불러온다. 특히 혼자 있는 것을 좋아하고 그것이 오히려 편하다고 얘기하는 사람일수록 스스로 고립되어 있다는 것을 알지 못한다.

따라서 사람들과의 관계 속으로 들어오지 못하거나 잘 놀지 못하는 사람일수록 쉽게 중독되고 헤어나지 못하게 되는 반면, 사람과 어울리기 좋아하고 안정된 관계를 유지하는 사람들은 상대적으로 중독에 덜 빠지고, 빠지더라도 빨리 빠져나오게 된다. 무엇보다 중독은 상호 의사소통이 아니라 일방적인 의사소통이며, 사람과의 교류가 아니라 사물과의 교류이기 때문에 더 문제가 된다. 이러한 중독을 치료하기 위해서는 중독 증상 자체를 치료하는 동시에 다른 사람과 교류하는 양을 늘려줘야 한다.

또한 여성심리학자 마가렛 말러(Margaret Mahler.1897-1985)는 엄마와 유아의 관계를 연구한 '대상관계이론'에서 '심리적 탄생'의 중요성을 언급했다. 그녀는 육체적 성장을 '발육(Growth)', 심리적 성장을 '발달(Development)'이라고 설명하면서 아기는 부모에게 '절대 의존'하는 상태로 성장하면서 점차 의존에서 벗어나 결국엔 완전하게 분리되어야 한다고 주장한다. 말러는 이것을 '부화'라고 설명했다. 종교적 용어로는 '재탄생(Re-born)' 또는 '거듭남'을 말한다. 닭이 알을 일정 기간 품고 난 뒤에 병아리가 탄생하는 것처럼 엄마라는 안전한 환경이 일정 기간 제공되어야 한다고 주장한다.

'부화'의 상대개념은 '고착(Fixation)'으로, 심리적 발달이 일어나지 않고 그 단계에 머물러 있으면서 육체적 발육만 계속되는 것인데 아무리 나이가 많더라도 '부화'를 거치지 않은 사람은 영원히 심리적 미숙아로 머물 수밖에 없다. 이런 사람은 배려와 베풂에서만큼은 이기주의자가 되어 배려는커녕 좋은 마음으로 다가오는 사람도 (칼로)

'베려' 한다.

아이와 엄마의 애착 관계를 연구했던 여성심리학자 메리 에인스워스(Mary D. Salter Ainsworth) 또한 미숙아가 아닌 '안정형 애정결속형' 아이는 1%에 불과하다고 했다. 미숙아가 태어나면 반드시 모태와 동일한 환경인 인큐베이터로 보낸다. 인큐베이터에서 일정 기간을 거치고 나야 비로소 미숙아라는 딱지를 떼고 엄마 품에 돌아올 수 있다. 그때 엄마는 아기를 마음껏 품에 안고 젖을 물릴 수 있다. 심리적 미숙아도 마찬가지다. 심리전문가, 상담전문가가 있는 전문 치료센터에서 일정 기간 인큐베이팅을 받아야 한다.

이러한 인큐베이팅에 피터 포나기(Peter Fonagy)는 정신화 작업을 강조하였다. 존 앨런(Jon G. Allen)은《애착외상의 발달과 치료》(2020)에서 포나기의 정신화를 설명하였는데, 포나기에 의하면 정신화란 아이들이 타인의 신념, 태도, 감정, 욕구, 희망, 지식, 가식, 계획, 상상 등을 생각하게 한다. 이로 인해 타인의 행동을 의미 있고 이해할 만한 것으로 만드는 동시에, 여러 개의 자신-타인 표상들로부터 특정한 대인관계 맥락에 가장 적절한 것을 유연하게 작동시키는 능력이 발달하게 된다. 타인 행동의 의미를 탐구하는 것은 아이들이 자신의 의미 있는 경험을 명명하고 발견하는 능력과 중요하게 연결된다. 결국 이 능력은 정서 조절, 충동 통제, 자기 감찰 그리고 자기 주체성의 경험에 결정적으로 기여하게 된다. 정신화는 정신화를 낳는다고 한다. 즉, 정신화는 세대 간에 전수된다는 뜻으로 안정 애착의 부재로 부모로부터 정신화를 경험하지 못했다면, 상담자와의 관계에서 정신화 작업이 수행되어야 미숙아들이 관계를 회복할 수 있는 발판이 만들어진다.

대부분의 사람은 자신이 심리적 미숙아인 줄 모르고 살아간다. 그렇다면 심리적 미숙아인지 아닌지 어떻게 알까? 이병준 박사의 《가족의 재탄생》에서 말하는 다음 몇 가지에 해당하면 틀림없는 심리적 미숙아다.

- ☐ 늘 내가 누구인지 묻고 정말 하고 싶은 일을 모른다.
- ☐ 꿈과 희망에 대해서 그저 막연하다.
- ☐ 그저 주어진 대로 하루하루를 살아간다.
- ☐ 기본적인 의식주만 제공되면 사는 데 아무런 불편이 없다. 아니면 늘 분노에 차 있다.
- ☐ 대상이 누구든 상관없이 화를 내고, 비겁한 사람은 만만한 대상에게만 화를 내며 폭력과 폭언까지 휘두른다.
- ☐ 내가 결혼하려는 목적은 오로지 나의 육체적 필요, 감정적인 필요를 충족하려는 데 있다.
- ☐ 배우자는 내 모든 것을 채워 주는 완벽한 필요충분조건이다.

이 외에도 어른과 미숙아를 가르는 중요한 기준 중 하나는 책임지는 능력에 있다. 무책임한 사람은 미숙아라고 단정 지어도 좋을 만큼, 책임감은 중요하다. 사람됨의 출발점이라고 할 수 있는 가정에서 가족 문제의 대부분 원인은 '책임 회피' 때문에 발생한다. 특히 게슈탈트 심리치료를 창안한 독일의 정신과 의사 프리츠 펄스(Fritz Perls)는 사람들에게 '책임지기'라는 심리치료 기법을 시행해서, '나는 거기에 대해서 책임집니다'라는 말을 통해 자신과 타인의 생각과 말을 조금 더 분명하게 인식하는 자각 능력을 높인다.

또 성숙한 사람은 자신의 마음까지도 객관화해서 볼 줄 알고 '문제'를 '문제'로 정확하게 인식한다. 그러나 '심리적 미숙아'일수록 사건과 사람을 구분하는 능력과 생각과 느낌을 구분하는 능력이 부족하다. 이것을 에릭 번(Eric Berne)은 '어른 자아의 상실'이라고 했다. 현재를 살아가는 어른 중에는 존경받을 그 무엇도 보여 주지 않으면서 나이만으로 어른 행세를 하고, 요구사항만 늘어놓는 '건강한 어른 자아'가 없는 철없는 어른이 너무 많다. 그들은 문제 자체를 회피해 '위장된 평화'를 만들기도 하고, 아랫사람이 요구에 부응하지 못할 때는 협상이나 타협 대신 억지를 부리거나 성질을 내거나 교묘하게 조종하려 든다.

이처럼 오늘날 많은 성인들이 생물학적으로 몸집만 커지고 정신적으로는 건강하게 기능하지 못하는 경우가 많다. 위에서 언급했듯이, 사람이 육체적인 성장과 동시에 반드시 함께 성장해야 하는 것은 말과 행동, 그리고 표현하고 책임을 질 수 있는 능력이다. 즉 육체적 성장인 '발육'과 정신적·심리적 성장인 '발달'이 균형을 갖춘 사람들이 가족과 조직에 많아야 한다. 그런 사람들이 건강한 어른으로 성장해 건강한 가정과 사회를 이루고 자신의 역할과 책임에 최선을 다할 수 있게 된다.

소중한 타인을 공격하는 적대적 귀인편향

애착트라우마는 반드시 흔적을 남긴다

애착이란 '몹시 사랑하거나 끌려서 떨어지지 않는 마음'을 의미한다. 애착의 대상은 사람뿐만 아니라 물건이나 일, 삶이 될 수도 있다. 하지만 심리학에서의 애착은 이런 의미와 사뭇 다르다. 생후 1, 2년 이내에 자신을 돌보는 양육자와 형성하는 상호적이고 감정적인 유대관계를 의미한다. 보통은 어머니가 양육자이지만 상황에 따라 다른 사람이 될 수도 있다.

생의 초기에 애착이 형성되는 이유는 아기의 무력함과 양육자의 중요성 때문이다. 아기에게 양육자는 생명 유지 장치와도 같다. 아기가 먹는 것과 자는 것, 입는 것이나 변을 보는 것 등 어느 하나도 양육자의 도움 없이는 불가능하다. 낸시 맥윌리엄스(Nancy McWilliams)는 《정신분석적 진단》(2018)에서 위니콧(Winnicott)의 "아기는 없다"라는 말을 인용하며 아기와 양육자와의 관계를 설명했다. 즉, 아기는 보살핌이라는 독특한 맥락 안에서만 존재할 수 있기 때문에, 아기가 아니라 아기와 양육자라는 대인관계 체계가 있다고 했다. 이러한 아기와 양육자의 긴밀한 관계는 아기의 마음에 자신(self)과 타인(other), 혹은 대상(object), 그리고 관계에 대한 틀을 형성해 이후의 삶에 중요한 영향을 미친다.

아동기에 경험한 학대 또는 방임은 애착 형성에 문제를 일으켜 트라우마로 남게 된다. 애착 트라우마는 생애 초기 정서적·신체적·성적 학대와 유기, 정서적·신체적 방임 또는 부모의 비일관적인 양육에 의해 발행하는 심리적 이상으로[1], 지속적이고 한 개인의 성격 발달에 심각한 영향을 미친다는 점에서 발달 트라우마 또는 복합 트라우마라고도 명명한다.[2]

아동기 애착 트라우마 경험이 아동기 및 성인기의 공격성을 촉진한다는 수많은 연구 결과도 있다. 아동기에 물리적, 정서적 학대를 경험한 사람은 성인기 타인과의 관계에서 그 의도를 적대적인 것으로 받아들여서 약간의 자극에도 강한 분노 반응을 보이기 때문에 공격성을 보인다고 보았다.[3] 또한, 학대 아동은 그들의 가족 관계 안에서 경험한 정서적 혼란과 관계적 적대감을 또래와의 상호작용에서 관계적 공격성으로 표현하고[4], 비학대 아동과 비교하여 높은 수준의 관계적 공격성이 나타나는 것으로 밝혀졌다.[5]

또한 부모의 학대 등 거부적인 양육 태도는 자녀의 관계적 공격성을 증가시키는 것으로 나타났다.[6] 아동 학대 경험이 많을수록 갈등 시 적절하지 못한 방식을 사용하는데, 대화나 타협을 통해 해결하기보다는 분쟁이나 폭력 등 공격적인 양상으로 해결하려는 성향이 높았다.[7] 아동기 애착 트라우마 경험이 관계적 공격성으로 이어지는 경로를 탐색한 연구가 지속적으로 이루어져 왔는데 그중 주목할 것은 적대적 귀인편향이다.

적대적 귀인편향이 공격성을 유발한다

적대적 귀인편향이란 상대방이 모호한 태도나 행동을 보일 때 자신에게 공격적인 의도가 있다고 해석하는 편향된 인지적 사고를 의미한다.[8] 적대적 귀인편향이 높은 사람은 사회적 상황에서 자극에 노출될 때 불명확한 행동에 대해서도 일반적인 사람보다 더욱 공격적으로 반응하게 된다.[9]

또한, 적대적 귀인편향은 부호화 과정에서 복수(revenge)와 같은 목표를 설정하게 하고, 이로써 자신의 공격적인 행동이 목표를 달성하는 데 도움이 되었다고 평가하게 만든다.[10] 종합해 보면, 상황을 평가하고 사회적인 정보를 처리 및 해석하는 편향된 인지적 특성이 공격적인 행동을 일으키는 중요한 매개 요인이 될 수 있고[11], 유지 요인 또한 될 수 있다는 것이다. 이와 더불어 이러한 적대적 귀인편향과 공격성의 관련성은 전 생애적 발달 과정에서 나타난다.[12]

밥콕(Bobcock) 등은 불안 애착은 버림받는 것에 대한 두려움으로 공격 성향을, 회피 애착은 친밀성에 대한 두려움으로 방어 성향의 특징을 보이는데, 특히 불안 애착을 갖게 되면 상대방의 행동을 적대적인 것으로 해석하게 되어 더욱 폭력적인 반응을 보이게 된다고 주장하였다.[13] 에릭슨(Erikson)(1970)은 사회 심리학적 관점에서 대학생 시기에 해당하는 초기 성인기가 부모나 가족 이외의 사람들로부터 친밀성을 획득하게 되는 발달적 단계라고 하였다. 애착은 어린 시절 주로 부모와의 관계에서 형성되지만, 성인이 되면 연인, 배우자 등 중요 타인과의 관계에서도 형성된다. 불안정 애착의 소유자가 성인기에 맺는 타자와의 관계에서 안정 애착을 형성하기에는 많은 어려움이 따르겠지만, 평생 적대감과 공격성 등 애착 트라우마로 부적응적인 삶을 지속하기보다는 안정 애착을 형성하기 위한 노력이 필요할 것이다.

자기를 키워준 양육자가 곧 자기

반복된 관계의 실패를 낳는 관계중독

관계중독이란 맺고 있는 관계가 나에게 해가 되는 관계라 할지라도 타인과 함께 있어야 한다는 강박적 생각에 사로잡혀 행동이나 감정을 스스로 통제할 수 없게 되는 것을 말한다.[14] 즉, 타인과의 관계에서 그 상태가 중독이라는 방식으로 나타나 관계의 질은 물론 개인의 안녕을 저해하는 병리적인 관계 방식이라 할 수 있다.[15] 관계중독이 있는 사람들은 상대에 대해 지나치게 집착하고, 관계를 유지하기 위해 자신을 희생하기 때문에[16] 대인관계, 일 등 일상에서 여러 가지 문제에 처할 수 있다.[17]

관계중독을 경험하는 이들이 보이는 특징 중 가장 핵심적인 것은 자신과 타인에 대한 상이 현실적이지 못하고 불안정한 정체감을 보인다는 것이다.[18] 즉 관계중독을 경험하는 사람들은 안정감을 느끼지 못하기 때문에 누군가와의 관계를 통해서라도 자신의 의미와 정체감을 찾으려 한다. 관계중독 성향을 가진 이들은 특정 대상에 대해 느끼는 정서가 충동적이면서 욕구에 억압적이고, 상대로부터 겪게 되는 부정적 정서에 취약한 것이 특징이다.[19] 그들은 주로 관계에서 공허감을 느끼고, 이를 해소하기 위해 친밀한 관계 속에서 관심과 지지를 받고 싶어 한다.[20]

관계중독 특성이 있는 사람들은 거부당하는 것과 버림받을 것이라는 생각에 대해 불안함을 느끼고, 작은 거절이나 유기의 단서에도 예민하게 반응하며 강한 감정적 반응을 보이는 특징이 있다.[21] 즉, 중독이라는 단어의 라틴어 어원이 의미하는 것처럼 '자기 자신을 포기하고' 중독의 대상인 상대방만 있는 상태에 놓이게 되는 것이다.

관계중독이 가지고 있는 또 다른 특징들로는 이상화된 상대방에 대한 맹목적 소유욕, 친밀한 관계를 유지하기 위한 상습적 기만 행동 및 일상에서의 성실성 상실, 고통을 주는 사건에 대한 선택적 망각, 타인에 대한 통제 욕구 등이 있으며[22], 이러한 증상이 심각해질 경우 일상, 학업, 직업에서의 역할 및 기능 수행에까지 큰 지장을 초래할 수 있다.

중독은 크게 물질 중독과 과정 중독으로 나뉘는데[23], 물질 중독은 알코올, 마약, 약물, 니코틴, 카페인과 같은 중독적 물질들에 의존성을 갖게 되는 것으로 섭취적 중독이라고도 한다. 과정 중독은 일련의 행동과 그와 관련된 상호작용의 과정에 빠져드는 것을 가리킨다. 관계중독은 이 중에서 과정 중독에 해당된다. 과정 중독에는 관계 중독 외에도, 종교, 쇼핑, 도박, 운동 중독과 같은 중독들이 있는데, 모두 생활 장면과 밀접한 관련이 있기 때문에, 물질 중독보다 더욱 쉽게 빠져들 위험이 있고, 회복 또한 매우 어려운 것으로 알려져 있다.[24] 또한 본인 스스로는 자신이 중독인 것을 의식하기 쉽지 않고, 만성적이고 고질적인 패턴으로 이어지기 때문에 외부의 도움 없이는 중독에서 빠져나오기 어렵다.[25]

양육자와의 애착 경험이 관계의 방향을 결정한다

기존 연구를 통해 관계중독의 대표적인 선행변인으로 들 수 있는 것은 중요한 타인과의 불안정한 애착이다.[26] 애착 이론에서는 인간 욕구의 핵심과 성장의 기반을 관계에 관한 것으로 보며 관계에 초점을 맞추고 인간을 이해하고자 한다.[27] 특히 어린 시절 유아기 초기 양육자와의 관계 경험을 통해 형성한 내적 작동 모델을 발달시켜 가는 과정에서 자신과 타인, 세상을 바라보는 틀이 결정된다고 하였다.[28]

즉 어린 시절의 초기 애착 경험은 일생 동안 여러 발달 영역에 지속적으로 영향을 끼치고[29], 대인관계 패턴을 형성해 나가는 데에도 기여하게 되며[30], 특히 성인기에 접어들어 친밀한 대상과 상호작용을 할 때 선행요인으로서 작용하게 된다.[31]

한편, 성인애착은 애착과 관련된 성인기 외부 세계나 타인 표상을 지칭하는 것으로서[32], 애착이론을 처음 주장한 보울비(Bowlby)(1980)에 의하면 내적 작동 모델은 어린 시절에 조직화된 이후 외부 인식에 영향을 끼치며, 변화에 저항적이기는 하나, 역동적으로 재조직화될 가능성도 있다고 하였다. 개인이 성장·발달해 감에 따라 양육자의 태도 변화나 친밀한 관계에 있는 다른 타인과의 경험을 통해 애착유형이 변화·발달된다는 연구 결과들이 있다.[33]

따라서 인간이 성장하는 과정에서 애착 대상이 변화하고 양상도 복잡해지기 때문에 성인기의 대인관계 패턴을 이해하기 위해서는 현재의 이성 관계, 친밀한 타인과의 애착 관계를 이해해야 한다는 것이 여러 애착 이론가들의 주장이다.[34] 성인애착 유형이 안정적이지 못하다는 논란도 있으나, 여러 연구자들은 어린 시절 초기 부모와의 관계에서 상호작용하는 방식은 하나의 특성으로 통합되어 타인에 대한 잠재적 결정 요인으로 작용하게 되며 여러 측면에서 중요한 연관성을 지니고 있다는 것에 동의한다.[35]

안정적인 애착이 형성된 성인의 경우 상대방에 대해 높은 수준의 신뢰, 헌신, 만족, 상호 의존을 보이고[36], 적개심이 낮고, 대인관계가 좋은 것으로 보고되고 있다[37]. 반면, 불안정적인 애착 유형의 성인들은 자기와 타인에 대한 모델이 부정적이어서 자기 가치감이 낮고, 부정적 자기개념을 가지고 있으며, 타인에 대한 접근, 지지에 대한 확신이 부족하기 때문에[38], 대인 관계의 어려움을 호소한다.

또한, 이들은 연인이 자신을 진심으로 사랑하고 있지 않다고 생각하거나, 버림받을 것을 두려워하며 극단적으로 가까워지길 바라는 경향이 있다.[39] 또한 이러한 염려는 상대방에 대해 강박적으로 열중하고 상대방의 가까운 사람들에 대해 질투하는 양상으로 나타나기도 한다. 이는 친밀한 관계가 끝나 버릴 것 같은 심한 두려움에서 나타나는 것으로 이해되고 있다.[40]

이렇듯 애착이 불안정하게 형성된 사람들의 경우, 중요하고 친밀한 타인에게 충분한 관심과 사랑을 받아 보지 못했다고 느끼기 때문에, 잠재의식 속에 뿌리 깊은 좌절감이 자리 잡게 된다. 그리고 자신이 의미 있는 존재라는 인식을 하지 못하게 된다. 또한 애착 관계가 불안정한 사람들은 자기 자신에 대한 내적 표상이 부정적이며, 자신의 가치와 자존감을 내부에서 발견하지 못하고 외부의 인정을 통해 찾으려 하는 경향이 있기 때문에 이러한 심리적 역동이 타인 의존을 특성으로 하는 관계중독 성향을 촉발할 것으로 예측된다.

즉, 중요한 타인과의 애착 형성이 불안정적일수록 관계 안에서 채

울 수 없었던 심리적 허기를 채우고자 관계중독적인 증상을 나타내게 된다.[41] 현재 관계를 맺고 있는 대상을 향해 끊임없이 자신의 환상과 욕구를 투영하며, 인간의 본질적인 욕구인 사랑과 인정을 갈망하며 확인받고자 하는 것이다.[42] 불안정 애착과 관계중독과의 관계에서 심리적 고통(우울, 불안 등)은 주요 매개변인이 될 수 있을 것으로 보이는데, 앞서 설명한 바와 같이 애착유형이 불안정한 사람들은 현재 맺고 있는 관계에서 불안, 두려움 등과 같은 심리적 고통을 쉽게 경험하는 것으로 알려져 있다.[43] 이는 관계중독의 기저에 있는 관계와 삶에 대한 존재론적인 불안과 공허함, 절망감과 같은 정서와 닿아 있다고 할 수 있기 때문이다.

이에 대해 보다 구체적으로 살펴보자. 불안정 애착과 심리적 고통과의 관계는 지난 수십 년간 많은 애착이론가들에 의해 연구되어 왔으며, 성인 애착이 안정적인 대학생들은 우울, 불안과 같은 심리적 고통을 덜 경험하는 반면[44], 불안정애착 유형의 성인들은 높은 수준의 우울과 불안[45]을 경험하고, 부정적 정서를 자주 느끼며[46], 정서적 불편감[47] 수준이 높은 것으로 보고되었다.

불안정 애착과 관계중독 사이의 관련성을 살펴보는 가운데 드러난 바와 같이 애착 유형이 불안정한 사람들은 관계 형성 및 유지에 대한 불안, 두려움, 우울과 같은 심리적 고통을 경험하게 되는데, 이는 관계중독의 기저에 있는 관계와 삶에 대한 존재론적인 불안과 공허함, 절망감 등의 정서와 닿아 있다고 할 수 있다.

　앞서 보았던 영화 속 윌과 같이 애착 트라우마에 의한 불안정 애착의 유형들은 대상관계이론에서 말하는 꽉 잡아 주고 지지해 주는 안정된 환경(Holding-environment)이 바탕이 되어야 한다. 즉, 불안하고 두려운 관계 경험을 안정된 관계 경험으로 전환하는 것이 필요하다. 불안하고 두려운 관계에서는 자신의 욕구와 내적 상태를 알아차리지 못하고, 두려워하는 감정이나 충동, 부정적 경험으로 집착과 회피, 의존과 철회 등 불안정이 높아진다. 안정된 관계 경험을 위해서는 자신의 욕구과 내적 상태를 민감하게 알아차리고 수용하며, 불안정한 정서를 담고 완화시켜 주는 대상이 필요하다. 이런 경험은 이해받고 가치롭게 여겨지며 사랑받는다는 느낌을 갖게 한다. 더불어, 자신-타인에 대한 표상이 수정되어 건강한 대상관계가 획득되고, 내적 작동 모델의 변화로 건강한 대인관계를 형성할 수 있는 발판이 된다. 결국 반복된 애착의 실패로 형성된 학습된 무기력을 학습된 낙관주의로 전환시킬 수 있을 것이다.

　여기에 램보 교수의 소개로 만나게 된 심리치료사 션의 역할처럼, 사람을 상대하는 과정에서 스스로 말하고 표현하는 것에서 비합리적인 신념과 감정, 행동들을 깨닫게 하기 위한 인지행동의 변화가 절실하다. 그러나 그보다 먼저, 비관적이고 무기력한 삶에 대한 변화 동기의 촉진이 우선으로 보인다. 또한 정서 중심, 관계 지향적 접근을 통해 상실과 좌절, 유기와 방치, 학대 등의 부정적인 경험으로 형성된 부정적 감정과 피상적인 관계 패턴을 수정하는 것이 필요하다. 나아가, 탁월한 수학적 재능을 자신의 강점으로 만들어 발휘하게 하는 긍정심리치료 개입도 절실히 요구된다.

자신을 방어하는 도구

나도 모르게 하는 방어

　인간은 서로에게 정서적으로나 심리적으로 의존하는 대상이다. 유아기와 아동기 때는 부모나 양육자에게 절대 의존해야 한다. 그 의존은 인간이라면 당연한 본능이다. 어린아이들은 자신이 살아가는 환경이 만족스럽지 못하면 마음 안에서 불안이 생기고, 그 불안으로부터 자신을 보호하고 내면의 욕구를 충족시키기 위해 본능적으로 살아내려는 방법을 습득하게 된다.

　1장에서 민호 씨의 사례에서 그가 자신의 상황을 합리화시키고 상사의 충고나 조언을 공격으로 받아들여 조직에서 일 이외에 관계하는 것에는 전혀 노력을 기울이지 않는 이기성에 찌들어 있는 일상을 엿볼 수 있었다. 이처럼 사람은 이기적이고 불완전한 존재이기에 자기 나름대로 스스로 마음의 평정심을 되찾으면서 살아가려고 하는데, 이런 방식을 방어기제(Defense mechanism)라고 한다. 한마디로 스스로 마음을 조금 더 편안하게 하면서 현재의 불안과 두려움 등을 줄이는 생존법이다. 그런데 이 방어기제가 건강하지 못하게 작용하면 오히려 사람을 불행하게 할 수 있다.

혹시 당신은 어떤 방어기제를 사용하고 있는가? 내가 무의식적으로 사용하는 방어기제를 아는 것만으로도 일상에서 사람을 대하는 태도가 달라진다. 그렇다면 방어기제에는 어떤 것들이 있는지 알아보자.

첫 번째는 억압(Repression)이다. 이것은 앞에서 언급했던 심리적인 불안에 대한 1차적인 방어기제다. 억압은 현실에서 감당하기 힘든 사건이나 상황들을 무의식으로 눌러 생각하지 않는 것을 말한다. 특히 수치심, 죄책감, 모욕감 등과 같은 감정들은 사람의 마음속에서 불안과 고통을 유발하기에 더 억압되게 된다. 억압이 많으면 많을수록 억눌린 생각들이 풀려나오지 못하기 때문에 편견과 선입견에 사로잡히게 된다. 사람에게는 억압 자체가 불편한 상황이기에 이 불편을 편안하게 바꿔 주는 작업이 바로 정신분석이다.

두 번째는 억제(Suppression)다. 예를 들면 시험을 망친 사람이 그 결과를 잊어버리기 위해 사용하는 방식이다. 말 그대로 감정을 일시적으로나마 편안하게 하려고 하는 방어기제다.

세 번째는 반동형성(Reaction formation)이다. 한마디로 미운 놈 떡 하나 더 주는 것이다. 마음속에는 시어머니가 죽도록 미운데 오히려 지나칠 정도로 더 잘하는 경우이다.

네 번째는 동일시(Identification)다. 스스로 존경하는 대상이 있다면 그 대상의 모습과 말투나 행동들을 비슷하게 닮고 싶어 하는 방어기제다. 그 예로 자녀가 부모를 존경의 대상으로 여긴다거나 드라마 속에 나오는 인물들을 자기처럼 여기는 것이다.

다섯 번째는 투사(Projection)다. 가장 미성숙하고 병적인 것으로 스스로의 잘못된 행동으로 인한 결과를 남의 탓으로 돌리는 방어기제다. 심리적인 미숙아일수록 투사를 많이 사용하게 되고, 이것은 책임을 지지 않으려고 하는 결과도 낳는다. 우리 주변에 이런 미숙한 방어기제를 사용하는 어른들이 많다는 것을 알 수 있다.

여섯 번째는 자기에게로의 전향(Turning against self)이다. 감정 자체를 다른 데 표현하지 못하고 자신에게 쏟아붓는 형태다. 스스로에게 해를 끼치는 자해라든가 아니면 시어머니로부터 시집살이를 모질게 당했던 며느리가 시어머니가 죽고 난 이후 갑작스럽게 우울증에 걸리는 경우이다.

일곱 번째는 부정(Denial)이다. 도저히 받아들이지 못할 만큼의 힘든 현실이 닥쳤을 때 나타나는 방어기제로 본능적이고 원초적이라 할 수 있다. 예를 들면 가족 중 누군가가 어떤 병으로 인해 시한부 선고를 받은 경우 그것을 인정하지 못하는 것이다.

여덟 번째는 퇴행(Regression)이다. 항상 1등만 했던 학생이 새로 전학을 온 다른 학생에게 1등을 빼앗기면서 전에 하지 않았던 지각이나 결석을 하게 되는 경우처럼 심한 좌절의 경험을 갖게 된 후 나타나는 모습이다.

아홉 번째는 합리화(Rationalization)다. 행동의 참된(그러나 위협적인) 이유를 그럴듯하게 합리적으로 설명하는 것을 말한다. 조금 더 쉽게 말하면 자신이 어떠한 잘못을 했는데도 불구하고 그것을 변명으로 일관하며 마치 자신의 잘못이 아닌 것처럼 하는 것을 말한다.

열 번째는 해리(Dissociation)다. 1장에서의 다양한 사례자들이 사용하는 방어기제로서 심각한 트라우마를 경험한 사람들이 사용하는 방식이다. 학대나 폭력, 유기와 방치 등과 같은 현실적으로 감당하기 어려운 상황에 직면했을 때 도피하려고 하거나 단절시키려고 하는 현상을 말한다.

열한 번째는 고립(Isolation)이다. 주변과 교류가 없이 단절되어 혼자 있게 되는 현상을 말한다. 특히 관계에서 반복된 좌절을 겪는 사람이나 세상에 직면할 힘이 턱없이 부족한 사람들이 사용하는 방식이다.

열두 번째는 유머(Humor)다. 불편하거나 곤란한 상황에서 익살스러운 말과 행동을 통해 웃음을 유발하여 분위기를 부드럽게 하는 기술이다. 건강한 사람들이 사용하는 대표적인 방어기제이다.

열세 번째는 승화(Sublimation)다. 가장 건강하고 수준 높은 방어기제로 현재 상황보다 더 발전된 모습으로 성장하는 것을 말한다. 트라우마를 겪은 사람들이 좌절하지 않고 보란 듯이 성장하거나 시련과 역경 후에 원래의 자리로 되돌아오는 회복탄력성을 발휘하는 것과 유사하다.

이처럼 사람이 스스로를 보호하고 편안함을 찾고자 사용하는 방어기제는 건강하게 표현되어야 하지만, 트라우마를 경험한 사람들에게는 심리적인 방어력이 턱없이 부족하다. 특히 정신분석 심리학에서는 나의 본능적인 욕구(Id)나 도덕적인 욕구(Superego) 사이에 있는 자아(Ego)를 건강하게 유지하는 것이 곧 행복한 삶을 살 수 있는 능력이라고 말한다.

1장에서 영미 씨와 근우 씨처럼 부모의 정서적인 무관심에 감당할 수 없는 현실을 합리화시킨다거나, 민호 씨처럼 지나치게 풍족했던 나머지 이기심에 찌들게 된다거나, 월처럼 관계의 미숙함으로 인해 사랑하는 사람과의 관계조차 단절시켜 버리는 것도 모두 건강하지 못한 방어기제다. 이런 미숙한 방어기제들은 행복한 삶과는 거리가 멀어지게 한다. 반대로 감금증후군에 시달리며《잠수종과 나비》

라는 책의 출간을 통해 스스로 존재 가치를 증명했던 보비의 승화는 분명 불확실한 현재와 미래를 살아가는 사람들에게 필요한 생존법임에 틀림이 없다.

사람은 여러 사람과 다양한 관계를 맺고 살아가는 관계적 존재다. 관계는 이타적 속성과 이기적 속성을 갖는다. 이타적 속성을 가진 사람은 어딜 가나 환영받고 인정받으며 중요한 존재로 부각되어 쓰임 받는 데 반해, 이기적 속성을 갖는 사람은 스스로를 타인보다 우월하다고 생각함으로써 결국 관계에서 불행해지고 고립되어 문제 행동을 반복하게 된다.

작은 상처의 누적

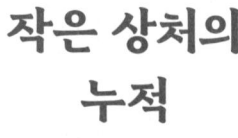

완벽주의의 노예

근우 씨의 학창 시절은 비교의 연속이었다. 학교 성적표가 나오는 날이면 부모님의 모진 질책을 받는 것은 집안의 행사였고 여기에 3살 위의 형과의 비교는 근우 씨를 한없이 작아지게 했다. 무엇보다 부모님 지인 자녀와의 비교는 쥐구멍에라도 숨고 싶을 만큼 수치심과 죄책감을 유발했다. 초등학교까지는 그런대로 1, 2등을 놓치지 않았는데 중학교 1학년 때 홍역을 앓는 바람에 1주일 정도 결석을 한 후부터는 도무지 원하는 성적이 나오지 않았다.

그때부터 하루하루가 긴장과 불안의 연속이었다. 학교 수업에서 발표라도 할 때면 도무지 말이 나오지 않았고 이마와 겨드랑이에서는 식은땀이 맺혔고 심장은 빠르게 뛰어 멍하니 서 있는 것이 전부였다. 사람들이 많이 있는 장소에만 가도 '저 사람들이 나를 어떻게 생각할까?'라는 생각에 심리적으로 위축되었고 자신 있게 고개를 들 수가 없었다. 명절에 친척들이 모여 웃음꽃을 피울 때도 마음은 항상 공허할 정도로 외톨이였다.

하루 일과를 마치고 가족들끼리 저녁 식사 자리에서 사소한 대화를 할 때도 부모님 눈치를 보느라 말문이 열리지 않았고 식사가 끝나고 나면 과민성대장증후군 증상으로 화장실로 달려가는 것이 다반사였다. 또한 해야 할 공부에 대한 부담이 가중될수록 미루는 일이 반복되었고, 피곤해도 집에서는 쉴 수가 없어 독서실로 피난을 가다시피 하여 부족한 잠을 보충하기도 했다.

사실 근우 씨의 부모님은 완벽주의 성향이었다. "다 너 잘되라고 그런 거야! 그래야 서울대 가지. 형처럼만 해봐. 하나도 어려운 게 없어." 근우 씨가 성장 과정에서 가장 많이 들었던 말들은 자연스럽게 근우 씨의 삶의 기준이 되어 근우 씨 스스로도 완벽해야 한다고 생각하게 되었다. 진정 자신이 무엇에 관심이 있고 남들보다 잘하는 일이 무엇인지, 자신이 어떤 삶을 살기를 원하는지를 생각하는 것 자체도 부모님을 실망시키는 일로 여겼다. 이러한 조건화된 가치의 형성으로 부모님의 기대에 부응하기 위한 노력은 현실적인 나와 이상적인 나의 모습 사이에 괴리감을 느끼게 했다. 이에 따라 소모적인 일상이 반복되었고 내면은 우울과 불안으로 하루하루 무기력과 열등감이 쌓여 갔다.

정말 무서운 것은 누군가와 반복된 비교는 열등감과 굴욕감을 비롯하여 완벽주의 행동 경향을 강화한다. 근우 씨처럼 강화된 작은 상처, 즉 스몰 트라우마의 반복은 내면에 차곡차곡 쌓여서 진정한 자기의 삶을 살 수 없게 하고 인지적 왜곡은 물론 현재에 집중할 수 없게 한다. 스몰 트라우마란 지진이나 화재 같은 큰 사건은 아니지만 일상에서 반복되는 작은 충격이나 상처들을 의미한다.

심리학에서 완벽주의란 끊임없이 노력하는 것이라기보다는, 완벽한 상태가 존재한다고 믿는 신념이다. 완벽한 성취와 역량, 사회적 가치 조건들의 완벽한 내면화를 스스로에게 혹은 타인에게 강요받을 경우에 나타나는 인지적 신념을 뜻한다. 일반적으로 높은 기준은 성실함과 목표에 대한 추구에 있어 동력원이 되나, 비호의적이거나 스트레스를 주는 사건에 직면했을 때에 완벽주의는 그 대가를 치르게 된다. 근우 씨는 군대를 전역하고 대학교를 졸업하고 난 후에야 비로소 스스로 문제가 있다고 생각하게 되었다. 그 문제는 말과 행동, 표현을 통해서 고스란히 증상으로 드러났다.

완벽주의는 적응적 완벽주의와 부적응적 완벽주의로 구분할 수 있다. 자신이 하고자 하는 것을 완벽하게 해서 목표를 성취하는 적응적 완벽주의는 주변 사람들에게 쓸모 있는 존재로 인정받는다. 그러나 근우 씨처럼 반복된 비교로 인해 스스로 해야 할 일을 미루거나 일어나지도 않은 일에 대해서 미리 걱정하고 두려워하는 부적응적 완벽주의는 실수를 용납할 수 없을뿐더러 실수 자체가 자신을 무가치하고 쓸모없는 존재로 인식하게 만든다. 그리하여 계속해서 결과 없는 노력을 강요함으로써 실패를 반복하게 한다. 이런 패턴이 반복될수록 정신적, 육체적, 심리적으로 소진된 채 건강한 어른으로 기능할 수 없게 된다.

무엇보다 완벽주의를 추구하는 사람일수록 포기하는 것이 힘들고 다른 사람들의 성공 또한 그들이 일을 완벽하게 해서 성공할 수 있었다고 생각한다. 그러므로 완벽주의 성향을 가진 사람들은 해야 할 일이 있다면 미루지 말고 바로 처리하는 습관을 갖도록 해야 한다. 그리고 보다 발전적이고 미래지향적인 일에 에너지를 고루 사용하여 자신이 잘하고 즐거워하며 관심이 있는 일을 통해 자기효능감을 느끼는 빈도를 늘려야 한다. 그래야 스몰 트라우마에 휘둘리지 않고 자신이 중요하다고 생각하는 일에 더 집중할 수 있게 된다.

안전과 교류의 다미주

안전 그리고 교류

 《다미주 이론》의 스티븐 포지스 박사는 우리가 세상과 타인과 교류할 때 몸의 생리적 상태가 매우 중요하다고 강조한다. 인간이 생존을 위해 진화하는 과정에서 다양한 위협과 위험에 노출될 때, 생리적 상태가 우리를 어떻게 방어하는지를 이해할 수 있게 한다. 무엇보다 우리가 본능적으로 안전하다고 느끼는 감각은, 자신이 접하는 환경과 대상이 주는 정보에 의해 결정된다.

 《다미주 이론》에서는 우리가 살아가며 마주하는 다양한 상황 속에서 본능적으로 위험을 평가하는 능력을 '신경지(neuroception)'라고 부른다. 우리의 몸은 환경과 대상에서 오는 정보의 자극에 따라 얼굴 표정, 목소리 톤, 몸짓 등을 변화시킨다. 이 과정을 통해 우리는 사회에 참여하고 상황을 해석하여 자신에게 유리하게 적응하려 한다. 특히 인간은 생존에 특화된 존재로, 파충류나 다른 종과는 달리 태어날 때부터 성인이 될 때까지 안전한 돌봄이 필요한 존재다. 그리고 스스로 안전하다고 느낄 때에만 성장하고 회복할 수 있다.

'다미주'라는 명칭은 '미주신경이 많다'라는 뜻이다. 다미주 이론은 이름 그대로 미주신경을 중심으로 설명된다. 미주신경은 뇌 신경 중 10번째에 해당하는 혼합신경으로, 뇌 신경 중에서 가장 길게 뻗어 있는 신경이다. 이 신경은 내장의 정보를 뇌로 전달하는 감각신경이 80%, 생리적 상태를 조절하는 운동신경이 20%를 구성하고 있다. 그래서 사람의 '안전과 직결되는 신경'이라고 할 수 있다.

그동안 우리는 생명이나 신체에 위협을 느낄 때, 신경계가 도전/도피와 같은 반응을 일으켜 스트레스를 유발하고, 이로 인해 신체적, 정신적 건강이 악화된다고 이해해 왔다. 그러나 다미주 이론은 여기에 더해, 도전/도피가 아닌 '부동화(freezing)' 반응, 즉 정신적 셧다운이나 해리 상태를 통해 이차적인 방어시스템이 작동할 수 있음을 강조한다.

해리란, 학대·폭력·유기·방치 등 감당하기 어려운 상황에 직면했을 때 현실로부터 도피하거나 스스로를 단절시키려고 하는 현상을 말한다. 이는 포유류가 천적을 만났을 때 죽은 척하며 얼어붙는 반응이나, 인간이 감당할 수 없는 충격을 겪을 때 기절하는 것과 유사한 반응이다.

전문가들이 트라우마를 치료하기 어려워하는 이유도 여기에 있다. 대부분은 일차적인 도전/도피 반응에는 익숙하지만, 이차적인 부동화 반응에는 익숙하지 않기 때문이다. 무엇보다 중요한 것은, 신경계는 우리가 처한 상황을 끊임없이 감지하여, 그에 따라 가장 적절한 방어 시스템을 선택한다는 점이다. 같은 자극이라 해도, 어떤 사람에게는 생명을 위협하는 사건이 될 수 있고, 다른 사람에게는 그렇지 않을 수도 있다. 이러한 개별적 차이를 전제로 방어 반응을 이해할 필요가 있다.

스티븐 포지스 박사는 《다미주 이론》에서 이렇게 말한다.

"심리적·신체적·행동적 반응은 모두 생리적 상태에 따라 달라진다. 이 이론은 자율신경계의 조절에 관여하는 미주신경과 다른 신경들을 통해 신체 기관과 뇌가 양방향으로 소통한다는 점을 강조한다."

이 관점에서 볼 때, 우리가 무언가를 보고, 목격하며 일어나는 임상적 상호작용은 이 이론의 핵심과 특징을 분명히 보여 준다.

"사회 참여 체계는 얼굴과 머리의 가로무늬근을 조절하는 기능적 집합체다. 이 체계는 우리의 정서와 감정에 반응하며, 신뢰와 사랑이 느껴지는 조용하고 안전한 상태부터, 방어 반응이 유발되는 불안하고 취약한 상태까지 연속적으로 변화하는 다양한 느낌을 보여 주는 통로다."

"사람을 바라보는 행위는 단순한 관찰이 아니라 참여이며, 그 관찰자의 신체적 상태가 상대에게 전달된다. 보고 듣는 행위는 사회 참여 체계의 중요한 속성이다. 그렇게 투사된 관찰자의 신체적 상태에 근거해서 피관찰자를 '바라보는 사람'이 자신을 환영하는지, 아니면 무관심한지를 느낄 것이다. 사회적 상호작용을 통해 서로를 지원하고 생리적 상태의 상호 조절이 가능하도록 하려면, 양자의 사회 참여 체계에서 표현되는 신호들이 서로에게 안전과 신뢰를 보여 줘야 한다. 그렇게 될 때 부모와 자녀든, 성인 커플이든, 상대의 품속에서 안전을 느낄 것이다. 상호주관적인 경험을 공유하는 과정은 자물쇠와 열쇠가 딱 들어맞아 잠금이 풀리는 것과 같다."

그리고 "생리적 상태가 평안할 때만 우리는 서로 안전 신호를 나눌 수 있다. 이렇게 서로 연결하고 상호 조절하는 기회들은 엄마와 자녀, 아빠와 자녀 혹은 다른 관계에서 관계성의 성공을 결정짓는다. 사회 참여 체계는 개인의 생리적 상태에 대한 표현일 뿐만 아니라 타인의 불안이나 안전을 분별하는 관문 역할을 할 수 있다. 안전이 감지되면 생리적 상태는 평온해진다. 위험을 감지하면 생리적 상태는 방어를 위해 활성화된다."

특히 자율신경계는 교감신경계와 부교감신경계로 구성되어 있다. 우리가 불안하거나 위급한 상황에 놓이면, 교감신경이 활성화되어 몸은 방어 태세를 갖춘다. 반면 부교감신경은 배쪽 미주신경의 조절로 작동하며, 신체를 원래의 차분한 상태로 되돌리는 역할을 한다. 이처럼 미주신경은 정서적·신체적으로 편안한 관계를 느끼도록 돕는 데 매우 중요한 역할을 한다.

포지스 박사는 말한다. "우리는 생존하기 위해 반드시 타인이 필요하다는 사실을 인식해야 한다. 서로의 생리적 상태를 조율하고, 기본적으로 안전하다고 느낄 수 있는 관계를 만들어 내는 호혜적 상호작용 능력이 매우 중요하다."

또한 그는 이렇게 강조한다. "적절한 사회적 상호작용들이 실제로 건강, 성장, 회복을 돕는 신경 경로를 활성화시킨다. 인간의 신경계도 다른 포유류처럼 탐색 활동을 하며, 이 탐색은 안전을 추구하기 위한 것이며, 우리는 타인을 통해 그 안전을 느낀다."

편안함의 배신

AI 혁신과 기술의 고도화로 인해 우리의 일상은 점점 더 편리해지고 있다. 그러나 때로는 그 편리함이 때로는 불편이 되기도 한다. 스마트폰 배터리가 방전되면 통화도 인터넷도 사용할 수가 없다. 이제는 이런 상황이 불편하게 느껴진다. 더 나아가 그 불편함에 적응하지 못하는 것이 또 다른 불편을 낳는다. 세상은 우리에게 편리함을 제공하지만, 그 편리함이 오히려 우리를 불편하게 만드는 이유는 무엇일까?

《편안함의 배신》의 저자 마크 쉔 박사는 2년 넘게 딸꾹질로 고통받은 미카엘이라는 60세 노인을 치료했다. 추운 핀란드 북부 출신인 미카엘은 15~20초마다 딸꾹질을 했고, 영어도 서툴렀다. 쉔 박사가 자신도 추운 곳에서 살아 본 경험이 있다고 말하자 마카엘의 입가에는 미소가 지어졌다. 쉔 박사는 미카엘의 딸꾹질이 추위와 관련이 있다고 판단했고, 최면 기술을 활용해 더 깊은 대화를 시도했다.

 그는 미카엘이 자기 몸에서 새로운 감각을 경험하도록 도와주면 그 감각이 딸꾹질 반사와 연결되어 증상이 사라질 수 있을 거라 보았다. 쉔 박사는 눈(雪)에 대한 이야기를 꺼냈고, 너무 추울 때는 감각이 거의 사라지는 경우도 있지 않느냐고 물었다. 또한 추위 속에서는 모든 걸 다 집어치우고 그냥 쉬고만 싶어진다고 말했다. 10분도 채 지나지 않아 미카엘의 딸꾹질은 완전히 사라졌고, 두 번 다시 발생하지 않았다.

 이처럼 생물학에 대한 낡은 가정들을 바꾸고 새로운 관점을 받아들이기 위해서는 때로는 극적인 사건이 필요하다. 우리는 새로운 관점을 통해 인간이 어떻게 기능하는지를 이해하게 되고, 간단한 심신 기법의 도움만으로도 질병이나 기능 이상에서 벗어날 수 있다는 가능성을 확인할 수 있다. 미카엘의 사례를 통해 쉔 박사는 몸이 하나의 틀에 갇히면 그 틀에서 쉽게 벗어날 수 없다는 사실을 분명히 깨달았다.

 이러한 틀은 결국 습관이 되고, 우리는 마치 고장 난 레코드처럼 특정한 방식으로, 반복 반응하게 된다. 하지만 몸이 새로운 감각을 경험하면 새로운 신경 네트워크가 형성되고, 건강으로 향하는 길이 열릴 수 있다. 그렇다면 미카엘의 딸꾹질은 왜 그렇게 오래 지속되었을까? 사실 오랫동안 지속된 증상 중에는 처음에는 별것 아닌 것으로 시작했지만 시간이 지남에 따라 악화되는 경우가 많다.

이를테면 감기에 걸린 후 기침이 떨어지지 않는다거나, 배탈 이후 특정 음식에 대해 혐오감을 갖게 되는 경우가 있다. 운동 중에 당한 부상이 완치되었는데도 병리학적 원인을 밝힐 수 없는 통증이 계속 남아 있는 경우도 있다. 이런 현상은 초기 원인이 사라지고 난 후, 새로운 기폭제가 등장해 그 증상들을 지속시키기 때문에 생기는 것이다.

이때 '불편(discomfort)'이 주요한 기폭제가 된다. 이 불편은 뇌와 몸에 새로운 네트워크를 만들어 내고, 이 네트워크가 증상을 증폭시킨다. 놀랍게도 이 불편은 증상이 완전히 뿌리내리기 전까지는 쉽게 감지되지 않는다. 미카엘의 경우가 바로 이러했다. 그는 불편을 적절히 다루지 못했고 결국 몇 년간 지속된 딸꾹질로 인해 뇌 수술을 고려할 정도에 이르렀다. 나중에 밝혀진 바로는, 딸꾹질이 발작적으로 시작되기 전 그는 큰 상실을 경험했다고 한다.

일부 사람들은 상심이나 두려움에 대한 반응으로 딸꾹질을 경험하기도 한다. 대부분은 시간이 지나며 자연스럽게 사라지지만, 마카엘의 경우는 달랐다. 고뇌가 커지면서 딸꾹질도 심해졌고, 이것이 두뇌 패턴으로 고착되었다. 결과적으로 딸꾹질은 발작으로 이어졌고 악순환이 반복되었다. 불편과 두려움은 사람들을 비생산적이고 만족스럽지 못한 행동 패턴에 고착시키는 요인이 된다.

오늘날 우리는 마치 질식할 듯한 세상 속을 살고 있다. 겉보기엔 편안하고 안전해 보이지만 실제로는 만족하지 못한다. 다양한 상품과 서비스가 끊임없이 쏟아져 나오고 있음에도 우리는 좀처럼 만족하지 못하고, 약간의 어려움에도 신체적, 정서적으로 위협을 느낀다. 그 결과 우리는 더 큰 불편과 두려움에 반응하면서 오히려 증상이나 질병을 키우는 일이 많아졌다.

이는 중독 위험을 높이고 인간관계의 갈등과 단절도 유발한다. 결국 세상은 점점 더 편리해지지만 우리는 점점 더 불편해지고 있는 것이다. 편리한 세상이 오면 안락하고 건강하고 행복해질 줄만 알았는데 말이다.

과학기술의 발전으로 생활은 분명 더 나아졌다. 그런데 왜 우리의 내면은 점점 더 좁아지는 것처럼 느껴질까? 요즘 사람들의 두려움은 20년 전보다 훨씬 더 깊어진 듯하다. 쉔 박사는 이 현상을 '편안함의 역설(comfort paradox)'이라 부른다. 삶이 점점 더 편리해질수록, 우리는 불편에 점점 더 과민해지고 있는 것이다.

이 역설의 중심에는 불안을 일으키는 외부적 영향이 자리 잡고 있다. 인간의 마음은 신체적·정신적 증상들을 무시하고, 최소화하고, 심지어 자신과 무관한 일처럼 분리하는 데 능하다. 어쩌면 이런 능력 덕분에 우리가 적응력이 뛰어난 종이 될 수 있었던 것인지도 모른다.

그러나 삶이 점점 더 편해지고 있음에도 불구하고 우리의 행복지수는 좀처럼 올라갈 기미를 보이지 않고 있다.

최첨단 기술이 일상에 스며든 지금, 오히려 비만, 우울증, 공황장애, 수면장애, 자가면역질환, 알레르기, 만성통증, 심장질환, 위장관질환, 암, 만성피로 등 다양한 질병이 그 어느 때보다 만연해지고 있다. 이것이야말로 정말 역설이 아닌가?

질병에 대한 치료는 계속 이루어지고 있지만, 그 거대한 흐름을 막기에는 역부족이다. 어쩌면 우리는 지금까지 무언가 중요한 요소를 놓치고 있었던 것은 아닐까?

재앙징후신드롬

최근 국내외 정세는 매우 혼란스럽고, 서민들에게는 살아가는 일조차 힘든 경제 상황이 계속되고 있다. 누구나 인생에서 성공을 꿈꾸고 행복한 삶을 원한다. 하지만 그 성공과 행복은 개인의 능력에 따라 크게 달라질 수 있다.

성공과 꿈을 성취하기 위해서는 반드시 실행력이 필요하다. 그러나 과거와 현재에 크고 작은 트라우마를 겪은 사람일수록 반복되는 상실, 좌절, 실패로 인해 외상후스트레스장애의 대표적 증상인 무기력에 빠지기 쉽다.

과거의 씻을 수 없는 트라우마로 인해 무기력과 우울한 일상이 반복되는 사람들에게는 성공과 행복은 그저 먼 나라 이야기처럼 느껴진다. 국어사전에서는 무기력(無氣力)을 '의욕이나 활력이 없음'으로 정의한다. 우리가 흔히 말하는 '무기력하다'는 말은 '무엇을 하려는 의지와 기운이 결여된 상태'를 말하며, 실제로 많은 사람들이 이러한 증상을 경험하고 있다. 한마디로 무기력한 삶은 스스로를 무력화시키는 상태, 즉 '의지의 무장해제'와 같다.

박경숙의 《문제는 무기력이다》에서는 '학습된 무기력' 개념을 제시한 마틴 셀리그만의 연구를 근거로 무기력을 단순한 체력 저하나 피로 누적에서 비롯된 신체적인 현상이 아닌 심리적 상태, 즉 '의욕 없음'이라 설명한다. 어떤 일을 실행할 에너지가 부족한, 의욕이 상실된 상태라는 것이다. 저자는 꿈과 희망이 있음에도 불구하고 정작 자신이 원하는 일에는 집중하지 못하고, 주변의 사소한 일에만 몰두하는 '은밀한 무기력'이라는 개념을 소개한다. 이러한 무기력은 스스로 인식할 수 있는지에 따라 '의식적인 무기력'과 '무의식적인 무기력'으로 구분된다.

특히 '무의식적인 무기력'은 어린 시절 부모의 양육 방식, 환경적인 영향, 개인의 기질과 성격, 성장과 발달 과정에서 형성된 습관 등이 영향을 주며, 가장 깊은 문제로 작용한다. 과거 트라우마를 겪은 사람들은 자신의 의지와 상관없이 '무의식적인 무기력'의 지배를 받으며 살아간다.

또한 무기력은 그 지속 정도에 따라 '급성 무기력'과 '만성 무기력'

으로 나뉜다. 급성 무기력은 짧은 시간 동안 평소보다 에너지가 급격히 떨어지거나, 갑작스러운 위기 상황에서 발생한다. 반면 만성 무기력은 심리적 요인이나 만성 질환에 기인하며, 장기적으로 지속되는 경우가 많다. 저자 박경숙은 《문제는 무기력이다》에서 '페툰 인디언 이야기'를 예로 들어, 이러한 무기력 증상의 본질을 설명한다.

페툰 인디언들을 통해 본 재앙징후신드롬

인디언들끼리 치열한 전쟁을 벌이던 1659년, 어느 겨울에 일어난 일이다. 미국의 남부 조지아에 세인트 진이라는 마을이 있다. 이곳에는 페툰 인디언이 살고 있었는데 이들은 때마침 중대한 결정을 내렸다. 페툰 인디언들의 오랜 적 이로쿠오스족의 침략을 완전히 봉쇄하기로 한 것이다. 인디언들 사이에서 선발된 페툰 전사들은 이로쿠오스족과 전쟁을 하기 위해 길을 나섰다. 그들은 며칠 동안 이로쿠오스족을 찾아내려고 노력했지만, 그 어디에서도 적군을 발견하지 못했다. 한참 헤매던 전사들은 결국 허탕만 치고 돌아왔다.

그런데 이게 어떻게 된 일인가? 마을이 완전히 불타버려 형체를 알아볼 수 없게 된 것이었다. 더불어 전사들이 목숨 걸고 지키려 한 부녀자들과 아이들, 노인들이 갈기갈기 찢긴 채 죽어 있었다. 충격적인 광경을 본 전사들은 말을 잃었다. 그들은 그 자리에 주저앉아 신음만 내뱉을 뿐 손가락 하나도 움직일 수 없었다. 어느 누구도 이로쿠오스족을 쫓아가 복수하고 포로들을 구해 오자고 말하는 사람이 없었다. 전사들은 한나절 동안 단 한 마디도 하지 못했다.

이처럼 페툰 인디언들은 갑작스럽고 압도적인 재난 앞에서 마비된 반응을 보였다. 그들은 이로쿠오스족의 급습을 전혀 예상하지도, 대항하지도 못했다. 그래서 더 큰 참변으로 받아들일 수밖에 없었다. 마틴 셀리그만은 이것을 '재앙징후(Disaster Syndrome)'라고 했다.

필자 역시 과거 아버지의 죽음 그 자체보다도, 그 죽음을 피하려 몸부림 치던 아버지의 모습에서 받은 충격이 더 컸다. 그 기억은 만성무기력으로 이어졌고, 외상후스트레스장애로 발전했다. 불과 10년 전까지만 해도, 필자는 이 트라우마를 치료하지 못한 채 하루하루를 살아내는 데 급급했다. 그러나 무기력의 실체를 알게 된 이후, 가만히 있을 수 없어 본격적으로 무기력에 대해 연구하게 되었다.

수천 명의 목숨을 앗아간 네팔 대지진과 일본의 쓰나미, 전쟁, 대한민국을 슬픔에 빠뜨린 세월호와 천안함 사건, 최근에 큰 아픔을 준 이태원 참사와 항공기 추락 사고 등은 전형적인 '빅트라우마' 사례들이다. 이러한 대규모 재난은 우리 사회 전체에 재앙징후를 남기며, 많은 이들에게 심리적 무기력과 외상후스트레스장애를 남긴다.

제3장

무기력의 해결 방법

무기력한 원인을 깨달으라

무기력의 원인은 매우 다양하다. 불안이나 스트레스 같은 정신적인 요인, 수면 부족과 만성피로, 질병 등의 신체적인 요인, 그리고 대인관계 문제나 직장에서의 과도한 업무로 인한 번아웃 같은 환경적인 요인이 복합적으로 작용한다. 하지만 가장 근본적인 원인은 성장 과정이나 성인이 된 이후에 경험한 크고 작은 트라우마다. 특히 트라우마가 치료되지 않은 채 방치되면 결국 말과 행동, 감정으로 드러나면서 행복한 일상을 방해하는 문제로 발전하게 된다. 무기력은 일상을 은밀하게 지배하여 어느 순간 우울과 고립으로 이어지며, 삶의 활력을 점점 빼앗는다. 일시적인 열정으로 목표를 세우고 행동에 나서지만, 결국 포기하게 되고, 그 포기를 실패로 간주하면서 미래에 대한 불안과 두려움을 키운다. 이렇게 반복되는 실패는 건강한 성인으로 기능할 수 없게 만든다.

무엇보다 중요한 것은, 스스로 문제를 인식하지 못하면 평생 같은 문제를 반복할 수밖에 없다는 점이다. 어린 시절의 애착 결핍, 상실 경험, 부모로부터의 방임이나 거절, 관계의 실패, 감당하기 힘든 재난 등을 겪은 사람은 성인이 되어서도 미숙한 방식으로 문제를 대처하게 된다.

하지만 정작 당사자는 자신에게 문제가 있다는 사실을 자각하지 못하는 경우가 많다. 그래서 무기력한 사람의 행동을 '문제'라기보다는 '결핍'으로 바라보아야 한다. 살아오며 겪은 다양한 트라우마의 원인을 알지 못한 채 반복되는 문제 행동은, 어쩌면 생존을 위한 최후의 방어기제일 수 있다.

따라서 무기력하거나 우울한 사람일수록, 어떤 목표를 세우기 전에 반드시 먼저 해야 할 일이 있다. 그것은 바로 자신이 무기력해진 원인을 인식하는 것이다. 그것이 무기력탈출의 첫걸음이다. 이후 진정 원하는 삶을 향해 구체적인 계획과 목표를 세우고 적극적인 실행으로 옮겨야 한다. 무기력의 원인을 모른 채 계속해서 새로운 일을 시도하는 것은, 문제를 방치한 채 실패를 반복하는 것과 다르지 않다.

우리의 뇌에는 '해마'라는 기억 저장소가 있다. 해마는 뇌에서 학습과 기억 등을 담당하며, 감정을 담은 기억을 선호한다. 크리스마스에 선물을 받았던 행복한 순간처럼 좋은 기억은 해마에 오래 남는다. 그러나 해마가 어떤 기억을 저장하고 떠올릴지는, 결국 자신이 선택한 방향에 달려 있다.

문제는 무기력하고 우울한 사람들의 해마는 좋지 않은 기억들을 먼저 떠올리는 경향을 보인다는 점이다. 감정을 담당하는 편도체 역시 행복한 기억보다는 불행한 기억에 더 빠르게 반응한다. 뇌는 스트레스 상황에서 자신을 보호하기 위해 이러한 반응을 진화적으로 내면화했다. 무기력 역시 이와 같은 반응의 일부다.

그렇다면 사람이 무기력해지는 원인은 무엇일까? 제1장에서 다룬 다양한 사례처럼, 크고 작은 트라우마는 무기력, 우울, 관계 단절, 고립 등으로 이어지는 부정적인 삶의 패턴을 만든다. 그 예는 다음과 같다.

1. 힘이 있는 대상에게 자율성을 침해당하거나, 지속적인 강압이나 폭력을 경험한 경우
2. 안전한 환경에서 오는 심리적 만족감을 경험하지 못한 경우
3. 부모 또는 주변 환경으로부터 정서적으로 유기되고 소외된 경험
4. 목표를 향해 노력했지만 반복적인 실패를 경험한 사람
5. 천재지변이나 자연재해로 등 스스로 통제할 수 없는 재난을 경

험한 사람

6. 부모나 타인의 기대에 맞춰 살아온 사람
7. 역기능 가정에서 생존하기 위해 몸부림치며 역할의 노예로 성장한 사람
8. 타인과의 비교 속에서 열등감을 반복적으로 경험한 사람
9. 인간관계 속에서 거절, 좌절, 상실을 반복적으로 경험한 사람
10. 팬데믹으로 인해 경제적으로 몰락하거나 파산에 이른 사람
11. 욕구가 결핍된 채, 너무 일찍 어른이 된 사람
12. 자신의 의지와는 무관하게 통제 불가능하거나 예측 불가능한 일을 경험한 사람
13. 유전적 또는 환경적 요인으로 인해 무기력을 학습하게 된 사람

뇌과학에 따르면, 이성과 판단을 담당하는 전전두피질(생각하는 뇌)은 트라우마나 스트레스 상황에서 감정을 관장하는 변연계(느끼는 뇌)에 압도당한다. 그 결과 '생각하는 뇌'는 제대로 된 판단을 내리지 못하고, '느끼는 뇌'의 지배를 받게 된다.

무기력하거나 우울한 사람들의 변연계는 늘 긴장 상태에 있으며, 과거의 부정적인 경험에 쉽게 반응한다. 행동의 변화 없이는 이 상태에서 벗어나기 어렵다. 이러한 상태가 지속되면, 전전두피질은 미래를 준비하고 계획해서 실행하고 성취하게 하는 콘트롤타워 역할

을 할 수 없게 된다.

결국 무기력, 우울, 불안, 번아웃은 생각하는 뇌와 느끼는 뇌 사이의 소통 문제가 낳은 결과다. 매일을 살아가는 현대인들은 크고 작은 트라우마와 스트레스에 노출되어 있고, 뇌는 그에 적응하면서 점점 더 건강하지 못한 방식으로 작동하게 된다.

하지만 다행히도 인간의 뇌는 연결된 회로로 구성되어 있어, 한쪽 뇌의 작은 변화만으로도 다른 뇌의 영역에 영향을 준다.

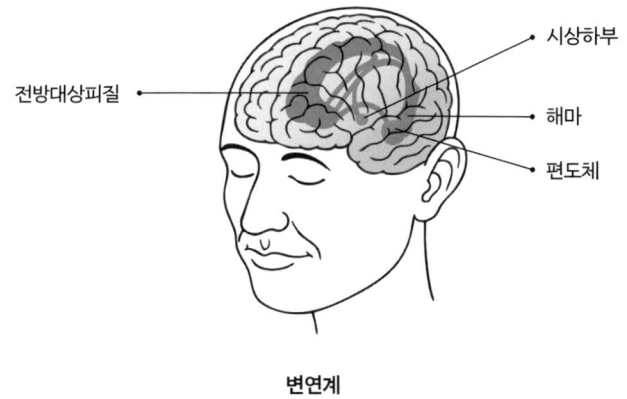

변연계

필자는 위에서 언급한 여러 무기력한 상황들을 직접 경험한 사람들일수록 그 사건이나 상황을 글로 써보는 작업을 적극적으로 추천한다. 자신을 무기력하게 만든 상황을 사실적으로 묘사하고, 현재의 감정을 글로 표현하는 편도체의 감정 반응 강도를 줄이고, 해마에 저장된 아픈 기억을 위로하는 일이다.

반대로 전전두피질은 트라우마를 회피하기보다는 직면하려는 힘을 키우고, 현재의 상황을 객관적으로 바라보도록 돕는다. 결국 원인을 자각하는 만큼 긍정적 선택을 할 수 있게 된다.

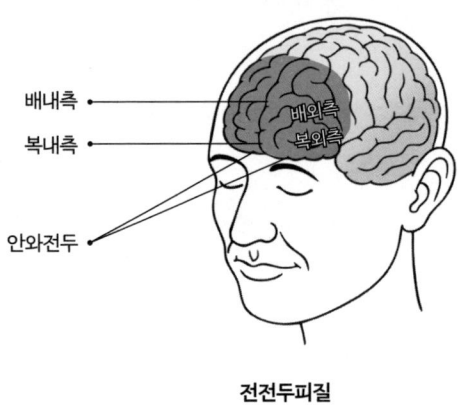

전전두피질

글쓰기를 통해 무기력해진 원인을 이해하게 되면, 어느 순간 스스로 무기력한 사람이라는 사실을 받아들이게 된다. 바로 그 지점에서 무기력 탈출과 회복은 시작된다.

내가 무기력해진 직접적인 원인은 무엇일까?

1. 과거에 큰 충격이나 상처를 받은 사건들이 있었는가?
2. 그때의 기억과 경험들을 생각하면 어떤 느낌이 드는가?
3. 그 감정들로 인해 스스로 어떤 행동을 자주 하게 되었는가?
4. 그 행동이 좋은 행동인지 좋지 않은 행동이었는지 구분할 수 있는가?
5. 좋지 않은 행동이 있다면 좋은 행동으로 바꾸기 위한 대체 행동을 글로 써보라.

자기연민으로 노래하고 이타성을 실천하라

 필자는 강연 전문가로서, 모든 강연과 교육에 클래식기타를 활용하여 강연 콘서트를 함께 진행한다. 강연은 강사가 무대에 올라 간단히 인사한 후, 기타 반주에 맞춰 청중과 함께 노래를 부르며 시작된다. 이처럼 음악과 함께하는 강연은 청중의 마음속에 깊게 각인되어 위로가 필요한 그들에게 정서적으로 큰 울림을 준다.

 일상이 급변하고, 바쁜 삶에 지친 사람들에게는 강연 내용도 중요하지만, 클래식기타 반주에 맞춰 함께 노래를 부르는 것이 훨씬 더 큰 위로가 된다.

 스티븐 포지스 박사는 《다미주 이론》에서 이렇게 말한다. "노래 부르기는 내내 날숨이 확장되는 과정입니다. 호흡에서 날숨이 지속되는 동안 심장에서 수초화되어 있는 미주원심신경경로의 효과가 올라갑니다. 즉 노래를 부르거나 관악기를 부는 것은 생리적 상태를 진정시켜 침착한 상태를 유지하도록 하여 사회 참여 체계에 더 많이 접근할 수 있도록 도와줍니다."

"노래 부르기는 단지 숨을 내쉬는 것이 아니라 그 이상입니다. 노래할 때 당신은 날숨을 내쉬는 것 외에 다른 일도 많이 합니다. 당신은 그 노래를 듣습니다. 이것이 당신의 중이근육의 신경톤을 증가시킵니다. 이것 말고도 당신은 후두와 인두 근육에 대한 신경 조절 능력을 활성화하죠. 또한 안면신경과 삼차신경을 통해 입과 얼굴의 근육들을 씁니다."

"다른 사람들과 합창을 한다면 당신을 사회적 참조(social referencing)를 하고 있는 것으로, 동시에 그 자체로 이미 타인에게 참여하는 것입니다. 그래서 노래하기는 특히 여럿이 함께 노래 부르기는 사회 참여 체계를 연습하는 놀라운 신경훈련입니다."

"느리고 깊은 날숨은 미주신경이 교감신경계를 억제하도록 자극함으로써 우리를 진정시키므로 상이한 호흡패턴을 배우는 것이 도움이 됩니다. 천천히 숨을 내쉬는 동안 발성을 한다는 것은 노래를 부르고 있다는 것입니다."

노래는 '놀다'와 '아이'의 합성어로 '노는 아이'를 의미한다. 그래서 노래할 때는 체면을 차리기보다는, 어린아이와 같이 천진한 마음으로 부르는 것이 좋다. 자기연민이란 현재의 자신의 처지를 비관하지 않고 엄마가 따뜻하고 사랑스러운 시선으로 아이를 바라보듯이 자신을 소중한 존재로 여기고 위로하는 것이다.

즉, '자기연민으로 노래하기'는 과거의 트라우마로 인한 수많은 상처와 충격을 견디며 살아온 나를 스스로 위로하는 자기연민의 과정이다. 또한 사람을 불쌍히 여기는 긍휼의 마음을 담아, 내면의 좋지 않은 것은 날숨으로 내보내고, 좋은 것은 들숨으로 받아들이는 다미주 치료이기도 하다.

우리 주변에는 시간이 오래 지났음에도 여전히 과거의 크고 작은 사건이나 상황에 얽매여 사는 사람들이 의외로 많다. 특히 무기력하고 우울한 사람일수록, 혹은 심리적으로 미숙한 사람일수록 현재의 문제를 자신에게서 찾기보다 '내가 예전에 그 일만 없었어도 지금 이렇게 살지 않았을 텐데', '그 사람 때문에 내가 이 모양 이 꼴이 되었다'라고 생각하며 문제를 외부로 투사하고 현실을 원망하며 살아간다.

한마디로 이미 지나간 과거의 부정적 사건 때문에 매 순간 '남 탓, 상황 탓'을 하며 살아간다. 결국 자신의 문제를 해결하려면 자원이 있어야 하는데, 과거의 트라우마에 얽매일수록 문제를 해결할 수 없게 된다. 그 결과 무기력하고 우울한 일상이 반복되며 악순환에 빠지고 만다. 이런 사람일수록 하루하루 버텨 내기에도 급급해 노예와 같은 삶을 살고, 일은 생존을 위한 노동이 될 뿐 자신을 위해 즐기고 쉬는 데는 서툴러진다.

정말 무서운 것은, 삶이 고단하고 힘든 상황에서도 억지로 밝고 긍정적으로 살려고 애쓰다 보면 마음은 오히려 더 허기지고 위축될 수밖에 없다는 점이다. 이를 '인지 부조화'라고 한다. 인지 부조화란 생각과 상황이 서로 일치하지 않아 마음이 편안하지 않은 상태를 말한다. 그래서 자의든 타의든 치명적인 상처와 충격으로 인해 현재의 온전한 모습으로 살지 못하는 사람이라면, 반드시 자기연민을 통해 스스로를 위로할 줄 알아야 한다.

또한 사람은 본능적으로 자신이 관심을 가지고 하고 싶어 하는 일일수록 주변에서 아무리 말려도 하려고 한다. 하지만 무기력과 우울감에 빠져 있는 사람들은 무언가 배우거나 자신의 미래를 위해 에너지를 쏟으려 하지 않는다. 청소년들이 좋아하는 게임을 예로 들어보자. 게임은 재미가 있고 일정한 난이도가 있어 자연스럽게 몰입하게 된다. 이렇게 열심히 하다 보면 실력이 쌓여 어느새 프로게이머가 되어 업계에서 긍정적인 성과를 내는 경우도 있다. 이것이 바로 몰입이다. 하지만, 반대로 부정적으로 몰두하면 중독으로 이어질 수 있다.

이처럼 하나의 반복된 행위가 일정 시간 지속됨으로 인해 누군가에게는 긍정의 결과물을 내게 하고 또 어느 누군가에게는 부정의 결과물을 내게 하는 것처럼 무기력 또한 반복된 행위의 부정적인 결과물로서 중독으로 봐야 한다.

필자는 학창 시절, 선배에게 혼나며 통기타를 배웠다. 덕분에 지금은 놀면서 돈을 벌 수 있는 직업을 선택할 수 있었음에 감사한다. 더 나아가 사람을 살려 내는 사명 있는 일을 할 수 있다는 점에 더욱 감사한다. 그래서 강연은 더 이상 노동이 아니라 놀이가 되었다. 현재 필자가 사용하고 있는 악기는 스페인제 코르도바라는 클래식기타이다. 이 기타는 바디(몸통)가 메이플(단풍나무) 원목으로 제작되어 사용할수록 소리가 깊고 풍성해진다. 또한 넥(목)의 그립감이 좋아 초보자는 물론 여성도 부담 없이 사용할 수 있는 고급 기타이다. 여기에 기타리스트들의 로망이라 불리는 독일제 AER 앰프에 기타를 연결하면, 청중은 자연스럽게 위로와 치유를 경험하게 된다.

아직은 '알함브라 궁전의 추억' 같은 명곡을 연주할 수는 없지만, 강연의 시작과 중간, 마무리에 청중과 함께 강연 주제에 어울리는 노래를 부를 때면 강사라는 직업이 얼마나 멋지고 매력 있는 것인가 느끼게 된다. 청중에게는 행복을 넘어선 감동을 선사한다.

지금 이 순간도 긴급한 일의 횡포와 이기성에 빠져 타인과 주변의 소외된 이웃을 위해 이타성을 실천하지 못하고 있는 사람이 많다. 특히 무기력한 일상이 반복되는 사람일수록 더 그렇다.

줄이 달린 현악기의 특성은 쓰면 쓸수록 가치가 더 높아진다는 것이다. 자신이 정말 아끼고 소중하게 여긴 악기를 제자에게 미련 없이 물려주고, 그 악기를 선물 받은 제자가 기뻐하고 행복해하는 모습을 보는 것은 '주고도 더 행복해지는 역설의 삶'을 보여 준다. 필자도 사부님께 기타를 선물 받고 난 후 얼마 지나지 않아 필자의 기타를 후배에게 망설임 없이 물려주었다. 이런 일이 많을수록 사람은 서로 윈-윈 하게 되고, 베푼 만큼 돌아온다는 인생의 진리를 깨닫게 된다.

반대로 무기력하고 우울한 사람은 이기적인 일상을 반복한다. 그들은 자신의 생각에 갇혀 있어 다른 사람들이 들어올 틈조차 주지 않는다. 관계도 서툴러 세상에 맞설 힘이 소진되어 있고, 스스로를 돌볼 여력도 없다. 이기성에 익숙해진 탓에 타인을 위해 돕는 일조차 어렵게 느끼며, 다른 사람을 배려하고 위하는 마음을 좀처럼 가지지 못한다.

하지만 우리 주변에는 직업상 친절이 몸에 밴 사람들도 있고, 경제적으로 풍요롭지 않아도 불우한 이웃, 노약자, 노숙자, 장애인을 위해 평생 헌신하며 봉사하는 이타적인 사람들이 많다. 그들은 매일 아침에 일어나는 이유가 분명해 무기력할 틈이 없고, 작은 것에도 최선을 다하기에 대부분 좋은 결과물을 낸다.

따라서 트라우마로 인해 우울하고 무기력한 삶을 반복하는 사람일수록 자신과 사회로부터의 고립에서 벗어나려는 피나는 노력이 필요하다. 그러나 이를 너무 어렵게만 생각할 필요는 없다. 이타성을 실천하는 방법은 의외로 간단하다. 비싼 음식을 대접할 수 없다면, 직접 만든 맛있는 음식을 가족이나 이웃들과 나누어 먹어 보자. 각자가 가진 재능으로 또래나 지인들과 함께 고아원, 경로당, 장애인 복지관, 요양병원 등을 찾아가 작은 봉사부터 실천하면 된다. 함께할 수 있는 공동체가 가까이에 있다면 이타성을 실천할 가능성은 훨씬 더 높아진다.

이렇듯 이타성을 실천할수록 이기성은 줄어들게 되고 마음은 더 풍요로워진다. 마음에도 '빈익빈 부익부' 현상이 적용되어, 이타적인 일상이 늘어날수록 무기력은 사라지고, 일상은 점점 더 좋은 행동으로 채워진다. 더 나아가 자신의 꿈과 미래 성취를 구체적으로 계획하고 실행하며 긍정적인 결과물을 만들어 낸다.

무엇보다 타인을 위한 이타성 실천은 우리 뇌에서 습관을 담당하는 선조체를 훈련시키는 과정이다. 처음 한 번의 실천은 어렵지만, 반복하다 보면 점점 더 차원 높은 이타성을 실천하게 되고, 마음은 자연스럽게 '부자'가 된다.

혹 이 책을 읽고 있는 당신의 일상 또한 무기력에 찌들어 있지는 않은가? 그렇다면 현재 자신의 처지를 비관하지 말고 무기력 이전의 상황을 떠올리거나 인생에서 가장 행복하고 기뻤던 일들을 상상하며 자기연민으로 노래하라. 그리고 지금 당장 이기성이 아닌 이타성을 선택해서 내 주변의 소외된 이웃을 살피고 작은 봉사나 도움부터 실행하라! 생각나는 지인들이 있다면 안부 전화부터 해 보자. 그러다 보면 분명 하루하루가 더 의미 있고, 살맛 나게 되고, 무기력에서 벗어나 활력 있는 일상을 살고 있는 자신을 발견하게 될 것이다.

일단 무조건 움직이라

 요즘 현대인들은 살아가기에 바쁘고 너무나도 지쳐 있다. 아니, 하루하루를 버텨 내느라 쉴 틈조차 없다. 대도시의 아침 출근길 지하철 풍경을 보면 그 모습을 실감할 수 있다. 독서를 하는 모습은 그나마 위안이 된다. 하지만 대부분은 좀비처럼 졸고 있거나, 스마트폰에 열중하고 있다. 이는 무기력한 현대인의 자화상이다.

 《긍정의 발견》의 저자 바바라 프레드릭슨 교수는 감정과 활동이 우리 몸의 세포에 영향을 준다고 설명한다. 대부분의 세포는 몇 주에서 몇 개월밖에 살지 못하지만, 죽은 세포는 끊임없이 새로운 세포로 교체된다. 맛을 느끼게 하는 미뢰세포는 수명이 몇 시간에 불과하고, 백혈구는 10일 정도 산다. 뼈조차도 반복적으로 재생된다.

과학자들은 매일 우리 몸의 약 1%의 세포가 재생되며, 약 3개월마다 새로운 몸으로 거듭난다고 본다.

세포는 감정이나 활동에 따라 성장하고 쇠퇴한다. 부정적인 감정과 활동 부족은 세포를 늙고 병들게 하고, 반대로 긍정적인 감정과 활발한 움직임은 세포를 건강하게 만들고 재생 속도도 빨라지게 한다. 다시 말해 몸을 많이 움직이면 세포가 활력을 얻고, 반대로 몸을 움직이지 않으면 세포는 무기력해지고 우울해질 수 있다. 따라서 무기력하고 우울한 사람일수록 혼자 있는 시간은 최소한으로 줄이고, 몸을 더 많이 움직여야 한다. 여기에 기분 좋은 경험이 더해지면 감정도 점차 긍정적으로 바뀌고, 일상은 활력을 되찾게 된다.

세르반-슈레베르 박사의 저서 《치유》에는 자비에라라는 28세 여대생의 사례가 소개된다. 그녀는 우울증을 겪으면서도 치료를 거부했고, 하루 세 갑의 담배를 피우며 무기력한 생활을 이어갔다. 그러나 그녀는 우연히 조깅 연구 프로그램에 참여하면서 조금씩 달라졌다. 처음에는 1.5km를 종종걸음으로 시작했고, 3주 후에는 2~3km를 속보로 소화할 수 있게 되었다. 그녀는 운동을 멈추면 우울감이 다시 찾아왔고, 재개하자 우울 증세가 사라지는 것을 알게 되었다. 그녀는 "전처럼 개운하지는 않지만, 곧 좋아질 거라고 믿어요. 운동을 처음 시작했을 때보다 몸이 가벼운 걸요"라며 운동을 지속했다.

인지치료의 대가 아론 벡은, 부정적인 말을 반복하는 것만으로도 우울증에 걸릴 수 있으며, 의식적으로 이를 멈추면 우울증에서 벗어날 수 있다고 주장한다. 규칙적인 운동은 이런 부정적인 생각의 고리를 끊어 주는 데 효과적이다. 운동 중에는 부정적인 생각이 거의 떠오르지 않으며, 떠오르더라도 호흡이나 자세에 집중하면 자연스럽게 사라진다.

조깅을 규칙적으로 하는 사람들 대다수가 15분에서 30분간 집중적으로 달리다 보면 생각이 긍정적이고 창의적으로 변하는 것을 느낀다고 말한다. 자기 자신을 의식하지 않게 되고, 신체적으로 기울이고 있는 에너지의 리듬에 자신을 맡기게 된다고 한다. 이는 최상의 몰입 상태, 즉 희열의 상태라고 하는데, 꾸준히 지속적으로 운동하는 사람들만 경험할 수 있다. 아주 미미하긴 하지만 이런 상태에 중독되는 경우도 종종 있다.

어느 정도 시간이 지나면, 조깅을 하는 사람 대부분이 하루에 20분이라도 달리지 않으면 못 참겠다고 말한다.

대개 조깅을 처음 시작하는 사람들은 의욕이 앞선 나머지 지나치게 속도를 내거나 오랫동안 달리려고 한다. 하지만 미하이 칙센트미하이 박사는 '몰입'의 상태에 들어가기 위해서는 능력의 한계선을 넘지 말아야 한다고 주장한다. 적당한 '한계선'을 유지하는 것이 중요하다. 그 이상을 넘는 것은 금물이다. 처음 조깅을 하는 사람은 짧은 거리를 종종걸음으로 달리는 것부터 시작해야 한다. 어느 정도 그 리듬에 익숙해진 다음에 '몰입'의 상태를 유지하기 위해 더 빨리, 그리고 더 먼 거리를 달려야 한다.

하지만 규칙적인 운동이 좋다는 것을 알고 있어도 그것을 직접 실행에 옮기는 일은 쉽지 않다. 특히 우울하거나 스트레스를 받을 때는 더욱 어렵다. 이럴 때는 다음과 같은 원칙을 기억하면 도움이 된다.

첫째, 운동량 자체보다 규칙적으로 운동을 하는 것이 중요하다. 감정 조절에 필요한 최소 운동량은 일주일에 3회, 20분 정도다. 중요한 것은 얼마나 지속적으로 하느냐이지, 운동의 양이나 강도가 아니다. 운동하면서 대화를 할 수 있을 정도의 강도면 충분하다. 우울이나 불안 증세가 심하다면 주 5회 이상이 효과적이다. 하지만 너무 힘들게 하면 지속하기 어렵다. 이럴 땐 오히려 빠르게 걷는 것이 낫다.

처음 시작할 때는 몸이 알아서 우리를 천천히 인도하도록 해야 한다. 훈련의 목적은 칙센트미하이 박사가 언급한 것처럼 몰입의 상태에 이르는 것이다. 그러기 위해서는 능력의 한계선을 반드시 지켜야 한다. 이 능력의 한계선이 바로 몰입의 상태로 들어가는 관문이다. 훈련을 계속하다 보면 그 능력이 향상되는데, 이에 맞춰 조금씩 운동량과 강도를 늘리면 된다.

이런 이유에서 현재 보고된 연구들은 달리기, 수영, 자전거, 테니스처럼 숨을 많이 들이마셔야 하는 운동인 '유산소 운동'과 근육운동과 같은 '무산소 운동' 중 반드시 하나를 선택해야 한다고 강요하지 않는다. 영국의학저널에 실린 기사에 의하면 두 가지 형태의 운동 모두 효과가 있다고 한다.

둘째, 그룹 운동이 혼자 하는 운동보다 더 효과적이다. 사람들과 서로 협력하고 격려하면서, 때로는 경쟁하면서 운동할 때 훨씬 큰 효과를 볼 수 있다. 또한 혼자 운동할 때보다 다른 사람들과 함께 운동할 때, 운동을 빠지고 싶은 유혹을 더 잘 이겨 낼 수 있다. 그룹으로 운동하는 사람들이 혼자 운동하는 사람들보다 더 규칙적으로 운동하는 경향이 있는데 바로 이러한 이유에서다.

마지막으로 각자가 흥미를 느끼는 운동을 선택해야 한다. 미국에서는 많은 직장인이 아마추어 농구팀을 구성해 일과시간 후에 주 3회 1시간 정도씩 운동을 한다. 물론 농구가 아니라 축구가 될 수도 있다. 중요한 것은 규칙적이어야 한다는 것이다(그리고 축구를 할 때는 골키퍼만 해서는 안 된다).

슈레베르 박사는 환자들에게 헬스 자전거나 러닝머신을 이용해 운동할 때, 비디오나 DVD를 활용할 것을 권장했다. 이는 운동을 좀 더 흥미롭게 만들기 위함이었는데, 그 결과가 매우 만족스러웠다. 재미있는 액션 영화를 하나 골라 운동을 할 때만 보도록 한다. 이 방법은 여러 가지 면에서 좋다. 먼저 액션 영화는 빠른 음악을 틀어놓고 춤을 추는 것처럼 생리학적으로 사람을 활성화시키기 때문에 몸을 더 많이 움직이게 하는 경향이 있다. 또한 재미있는 영화는 시간이 흐르는 것을 인식하지 못하게 하는 약간의 최면 효과가 있다. 그리고 운동 중에만 영화를 보기 때문에, 운동이 끝나면 영화의 다음 내용이 궁금해 그다음 날에도 운동을 하게 될 것이다. 단, 지나치게 웃기거나 너무 진지한 영화는 운동에 집중하는 것을 방해할 수 있어 피하는 것이 좋다.

우울하고 무기력한 사람일수록 혼자 있는 시간을 줄이고, 몸을 많이 움직여야 한다. 혼자 있더라도 TV나 컴퓨터, 스마트폰 같은 디지털 미디어로 시간을 보내는 일은 가급적 줄이고, 일단 무조건 움직여서 걷고, 뛰어야 한다.

또한 주변에 부정적인 사람들이 있다면 되도록 거리를 두는 것이 좋다.

이렇게 일상에서 지속적으로 3주 정도 하게 되면 습관의 문이 열리고, 3개월 이상 지속하면 성취감을 느낄 수 있다. 하지만 무기력하고 우울한 사람들은 3개월 아니 3일도 어렵기 때문에, 그런 사람들에게는 '매일 아침 작심 1일'을 반복하는 것이 핵심이다.

뇌과학적으로 건강하고 지속적인 운동 습관은 우리 뇌의 선조체를 단련시키는 일이다. 습관에 관여하는 선조체가 꾸준하게 행동을 반복하게 되면 생각하는 뇌, 즉 전전두피질이 건강하게 잘 기능하도록 도와주고, 세로토닌 같은 신경전달물질을 증가시켜 기분을 좋게 하며 의지력도 높여 준다. 또한, 일정한 몸의 움직임으로 인해 체온을 높여 체내에 축적되어 있는 노폐물들을 배출시키고, 이유 없이 느껴지는 불편함과 원인 모를 통증을 경감시켜 수면의 질 또한 점진적으로 향상시켜 준다.

반대로 코르티졸과 같은 스트레스 호르몬의 양을 줄여 나쁜 습관을 줄이고, 좋은 습관은 늘려 준다. 특히 기분 좋고, 좋은 감정을 기억하려고 하는 해마는 선조체에 더 좋은 기억을 저장하기 위해 더 좋은 움직임을 요구하게 되고 결국 서로 계속해서 좋은 방향으로 피드백 한다.

이 책을 읽고 있는 당신은 어떠한가? 결국 우리의 뇌는 내가 선택하고 행동하는 것에 따라 무기력해질 수도 있고, 활력을 찾을 수도 있다. 지금 당신의 일상이 무기력하고 우울감에 찌들어 미래의 불안에 지배당하고 있는가? 매일같이 침대에서 일어나는 것이 고통인가? 귀차니즘에 사로잡혀 대인관계 또한 엉망인가? 내일은 더 나아질 거라는 기대조차 포기했는가? 아니면 진정 무기력한 일상을 뛰어넘어 스스로 원하는 삶을 살고 싶은가? 그렇다면 무조건 자리를 박차고 나가 "일단 움직이라! 그리고 걷고! 뛰고 또 뛰라!" 움직이면 움직일수록 나의 뇌는 새로운 동력을 갖게 되고, 세상을 더 적극적으로 대하게 된다. 결국, 의욕을 회복하게 되어 무기력에서 탈출하는 전환점을 맞이하게 될 것이다.

연애하듯
기분 좋은 시간을 늘리라

우울하거나 무기력한 사람들은 삶의 진정한 목적과 의미를 깨닫지 못한 채, 하루하루를 무의미하게 흘려보내는 경우가 많다. 그들은 막연하게 '성실하고 열심히' 살아가려고 하지만, 그들의 일상을 자세히 들여다보면 정작 진정으로 중요한 일들은 실행하지 못하고 매일 주변만 맴돌고 있는 것을 볼 수 있다. 또한, 그들의 얼굴에는 근심, 걱정, 우울이 늘 묻어 있다. 이들은 일상 속에서 스스로 기분이 좋아지는 선택을 하지 않으며, 즐거움이나 설렘을 외면하고 산다. 마치 '기분 좋게 살아도 되는 자격'을 박탈당한 사람처럼 보인다.

미국의 현실치료 권위자 윌리엄 글라써 박사는 이렇게 말한다. "요즘 내가 걱정이 많고, 우울하고, 스트레스를 받고, 화를 자주 낸다면, 이 모든 것을 내가 스스로 걱정하기로, 우울해하기로, 스트레스를 받기로, 화를 내기로 선택했기 때문이다." 그에 따르면, 이러한 감정들은 자신이 선택한 결과다. 따라서 그에 따른 책임도 자신에게 있다.

하지만 무기력한 사람들은, 의식적으로든 무의식적으로든, 스스로 선택한 것을 책임지는 능력이 부족한 경우가 많다. 책임(responsibility)이란 단어는 '반응하다(response)'와 '능력(ability)'의 합성어다. 이 말은 어른이라면 자신의 능력에 따라 상황에 반응할 수 있어야 함을 의미한다. 그리고 그 반응에 따른 결과에 책임을 질 수 있어야 한다. 이때 그 책임은 상황에 따라 '능력 있음'과 '능력 없음'으로 드러난다.

더불어, 무기력한 사람들은 일상에서 좋은 것보다 좋지 않은 것을 더 자주 선택한다. 그래서 무기력한 삶에서 벗어나기 위해서는 꿈과 목표를 갖는 것도 중요하지만, 그보다 먼저 일상 속 작은 것부터 자신의 감정을 들여다보는 연습이 필요하다. 즉 '기분 좋음을 선택할 수 있는 능력'을 기르는 것이 중요하다. 이 능력은 곧 자신의 감정을 조절하고 관리하는 능력과도 연결된다. 이런 훈련을 지속하다 보면 무기력하고 우울했던 부정적 정서가 점차 활력 있는 긍정적 정서로 전환될 수 있다.

기분 좋음을 선택하는 가장 쉬운 방법은 '기분 좋은 척하기'다. 조금 더 쉽게 말하자면 실제로 즐겁지 않아도 '기분 좋은 척'을 해보라는 의미다(If you don't feel full of fun, pretend). 우리의 뇌는 우리가 관심을 갖고 있는 것에 자연스럽게 주의를 기울이게 되어 있다. 이때 작동하는 뇌 부위가 바로 주의와 집중을 담당하는 전방대상피질이다. 전방대상피질은 감정과 기억, 스트레스, 고통을 처리하는 편도체와 연결되어 있으며, 특히 우리가 어떤 일에 관심을 두고 집중하거나 노력할 때 그 과정에 관여한다. 또한 무언가 열심히 하다가 실수했을 때 혹은 실수로 인해 고통을 느끼는 순간 전방대상피질은 경고 신호를 보내 우리에게 '멈춤' 또는 '주의'를 촉구한다.

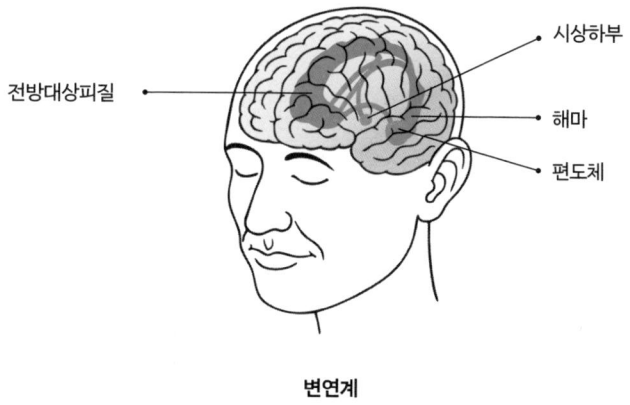

변연계

그래서 '기분 좋은 척하기'에 의식을 집중하면, 실제로 기분 좋은 일들이 자연스럽게 일어나기 시작한다. 그 순간만큼은 내가 우울하지 않고 무기력하지 않다고 느끼게 된다. 이처럼 의식적으로 기분 좋은 상태와 기분 좋은 선택을 반복하다 보면, 어느새 무의식도 자연스럽게 기분 좋은 것을 선택할 수 있는 능력을 갖추게 된다. 이 과정은 결국 반복 훈련을 통해 형성되는 정신적 습관이다.

사람은 익숙한 방식으로 행동하는 경향이 있다. 그렇다면 익숙한 행동이 좋은 방향으로 자리 잡는다면 더할 나위 없이 좋을 것이다. 기분 좋은 선택을 하고, 그 감정을 충분히 느끼고, 타인과 함께 공유하는 것, 이 단순한 행위만으로도 기분 좋은 감정을 일상 속에서 유지할 수 있다. 그 결과 더욱 행복한 일상으로 이어진다.

기분 좋음을 선택하는 방법

1. 기분이 좋지 않아도 기분 좋은 척하기

   예) 어젯밤에 개 짖는 소리에 잠이 깨는 바람에 아침에 컨디션이 좋지 않았는데 아침 회의에 밝은 얼굴로 기분 좋은 척하며 동료들에게 인사했더니 실제로 기분이 좋아졌다.

2. 기분 좋은 감정을 느낄 수 있는 경험하기

   예) 업무에 집중하다 보니 배가 고파 달달한 바닐라 아이스크림을 먹었더니 기분이 좋아졌다.

   예) 주말에 가족들과 수목원에 갔는데 녹색으로 뒤덮인 자연의 정취에 행복했다. 무엇보다 편백 나무의 냄새와 자연 속에서 마시는 따뜻한 아메리카노 한 잔은 나의 뇌를 자극했다.

3. 소중한 타인들과의 관계 강화를 위한 기분 좋은 경험 공유하기

예) 지난 주말에 갔던 수목원에서 기분 좋았던 경험을 친구들과 직장 동료들에게 얘기했더니 얘기만 들어도 힐링이 된다며 조만간 꼭 함께 가자고 했다.

노스캐롤라이나 대학교의 바바라 프레드릭슨 교수는 "긍정적인 감정의 이점은 금세 사라지는 기분 좋은 순간에만 국한되지 않는다. 가장 큰 이점은 그 감정을 통해 기술을 쌓고, 삶에 필요한 자원을 향후에도 사용할 수 있게 해준다는 점이다"라고 했다. '좋은 기분'이 단지 기분이 좋기 때문만이 아니라, 그것을 느끼는 것 자체로도 가치가 있다는 것이다. 그녀에 따르면, 좋은 기분은 우리가 인생에서 모든 일이 잘되고 있고, 삶이 순조롭고 성공적이며, 안전하고 만족스럽다는 신호로 작용하기 때문에 매우 유익하다.

많은 의학 전문가들에게 '좋은 기분'이란 단지 '나쁜 기분이 아닌 상태'를 의미할 뿐이다. 그들에게 관찰이 필요한 대상은 오로지 '나쁜 기분'이다. 왜냐하면 그것이 심장마비나 뇌졸중, 섭식장애, 비만, 자살, 폭력 등의 위험 신호가 되기 때문이다. 그들에게 '좋은 기분'은

그저 당신이 그런 위험과 문제에서 벗어나 있을 확률이 높다는 점에서만 가치가 있을 뿐이다.

필자 역시 여러 차례 언급했듯이, 무기력하고 우울했던 순간이 수없이 많았다. 어느 순간부터 나도 모르게 '기분 좋음'이 아닌 '기분 좋지 않음'을 반복해서 선택했고, 그 결과 우울과 무기력이 은밀하게 일상을 지배하기 시작했다. 또한 나는 자신도 모르게, 다른 사람을 좋지 않게 평가하는 데 익숙해져 있었다. 스스로 우월하다고 착각한 채, 다른 사람들을 깎아내리고 존중하지 않는 어리석음을 저질렀던 것이다.

지금 생각해 보면 참 부끄러운 기억이다. 가끔 업무나 학습에 몰두하다 보면 나도 모르게 표정이 굳어 있곤 했다. 그래서인지 주변에서는 나에게 '말 걸기 어렵다', '차가워 보인다'는 말을 자주 하곤 했다. 그런 말을 자주 들으면서부터 나는 다른 사람들의 말에 조금 더 귀를 기울이게 되었고, 자연스럽게 내 표정은 물론, 다른 사람들의 표정이나 몸짓 같은 비언어적인 소통에도 관심을 가지게 되었다.

《웃음의 심리학》의 저자 마리안 라프랑스는 19세기 영국 소설에서, 한 여자를 사랑하는 여러 남자들의 구애 장면을 종종 볼 수 있다고 말한다. 소설 속 에버딘이라는 여자는 자신을 사랑하는 세 남자의 사랑을 저울질하지만, 결국 그 모두를 놓치고 만다. 그중 한 남자인 가브리엘 오크의 '진짜 웃음'은 이렇게 묘사된다.

"농부 오크는 웃을 때 입꼬리가 양 귀까지 찢어질 듯 올라가고, 눈은 거의 보이지 않을 정도로 작아진다. 눈가에는 주름이 가득 생기며, 마치 떠오르는 태양을 대충 스케치할 때 쭉쭉 뻗어 나가는 햇살처럼 눈가 주름도 사방으로 뻗어 나갔다."

이처럼 에버딘은 가브리엘 오크의 웃는 모습을 통해 그의 사랑이 다른 남자들과 비교할 수 없는 진정성 있는 사랑이었음을 알고 뒤늦게 후회한다.

프랑스의 생리학자 뒤센 드 블로뉴는, 웃음이란 순수한 기쁨이 즉흥적으로 터져 나오는 생리적 반응이라고 보았다.

"큰 광대뼈 근육이 수축하면서 입꼬리가 위로 당겨지고, 윗입술이 올라가면서 뺨도 위쪽으로 끌어올려진다. 이때 윗입술은 올라가고 입둘레근육의 아래쪽이 수축하며, 아래 눈꺼풀의 주름과 눈 밑 주름은 더 뚜렷하고 단단해진다. 눈썹은 약간 처지는데, 이는 입둘레근육의 위쪽과 아래쪽이 모두 어느 정도 수축했기 때문이다. 활짝 웃을 때는 뺨과 윗입술이 상당히 올라가고, 코는 짧아지며 위쪽 앞니가 보인다. 특히 코 옆에는 팔(八)자 주름이 선명하게 새겨지는데, 이는 콧볼에서 입꼬리까지 날개처럼 펼쳐진다……"

이처럼 뒤센의 웃음에 대한 묘사는 오늘날까지도 '자연스러운 웃음'의 표준으로 받아들여지고 있다. 뒤센은 얼굴 감각이 모두 마비된 사람을 대상으로 실험을 진행했다. 그는 전기 자극을 통해 웃을 때 나타나는 얼굴 근육의 변화를 측정했다. 그 결과, 자연스러운 웃음은 큰광대뼈근육이 활성화될 때 나타난다는 사실을 밝혀냈다. 전류의 강도를 조절해서 큰광대뼈근육을 다양한 각도로 수축시켜 본 결과, 자극이 약할수록 입꼬리는 아주 미세하게만 움직였다. 반면 자극이 강해지면 입꼬리가 크게 올라가며 활짝 웃는 표정이 만들어졌다.

뒤센은 큰광대뼈근육뿐 아니라, 얼굴 주변의 다른 근육에도 전기 자극을 주어 웃음과 유사한 표정을 실험했다. 그러나 어떤 근육에 자극을 주어도 웃는 표정은 큰광대뼈근육의 수축이 함께 일어날 때만 자연스럽게 나타났다. 그런데 흥미로운 점은, 웃을 때 대부분 함께 활성화되는 눈둘레근육은 전기 자극만으로는 반응하지 않았다는 것이다. 눈둘레근육이 수축하고 이완할 때 뺨이 당겨지는 듯한 느낌이 든다. 눈꺼풀 아래에는 주름이 잡히고, 눈빛은 자연스럽게 빛이 나며, 눈꼬리 주변의 피부는 까마귀발주름을 만들어 낸다. 결국 뒤센은 이렇게 정리했다. "진짜 웃음은 입둘레근육과 눈둘레근육이 함께 수축·이완하면서 만들어지는 표정이다."

사람이 진심으로 행복하고 기분이 좋을 때 나타나는 웃음을 '뒤센 웃음(Duchenne smile)'이라고 한다. 이 웃음은 입둘레근육과 눈둘레근육이 함께 수축과 이완을 반복할 때 나타나는 자연스럽고 진심 어린 웃음이다. 반면, 무기력하고 우울한 사람들에게서는 이런 뒤센 웃음을 거의 찾아볼 수 없다. 웃는다고 해도 대부분 형식적이고 사교적인 표현일 뿐이며, 입둘레근육만 움직이는 억지 웃음에 그치기 쉽다.

또한 《세로토닌하라》의 저자 이시형 박사는 우리 뇌에는 마음의 날씨, 즉 마음 상태를 결정하는 세 가지 주요 신경전달물질이 있다고 했다. 바로 도파민, 노르아드레날린, 세로토닌이다. 그는 우리가 어떤 마음 상태를 유지하느냐에 따라 이 신경전달물질의 분비가 달라지며, 이에 따라 몸의 세포 반응도 달라진다고 강조한다. 조금 더 쉽게 말하면, 기분이 좋을 때는 긍정적인 물질이 분비되고, 기분이 나쁠 때는 부정적인 물질이 분비된다는 뜻이다.

특히 이 세 가지 신경전달물질은 기술이 고도화되고 불확실성이 커진 시대를 살아가는 현대인의 지친 마음을 이해하는 데 매우 중요하다. 이 신경전달물질들은 뇌간의 특정 신경세포에서 생성되어, 뇌 전체와 신체에 걸쳐 감정과 행동, 각성 상태 등을 조절한다. 뇌간은 뇌 전체에서 좌우 대뇌반구(大腦半球)와 소뇌를 제외한, 맨 아랫부분에 위치한 구조이다. 크게 중뇌(中腦), 뇌교(腦橋), 연수(延髓)로 구성된다.

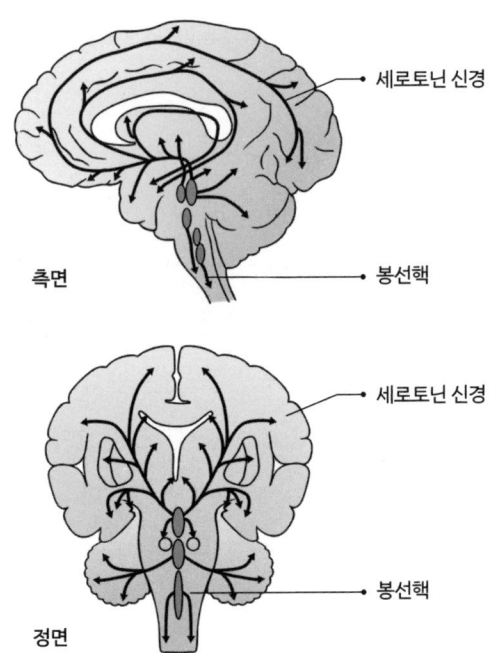

뇌 전체에 뻗어 있는 세로토닌 신경

첫 번째로, 도파민 신경은 뇌간을 중심으로 분포해 있으며, 습관을 조절하는 선조체 양쪽에 걸쳐 작용한다. 이 신경은 스스로 신나게 일에 몰입하도록 도와주고, 노력에 대한 보상을 기대하게 한다. 또한 동기부여에 관여하는 안와전두피질을 지속적으로 자극한다. 두 번째로, 노르아드레날린 신경은 위급한 상황이 발생했을 때 활성화되어 편도체와 전전두피질 사이의 원활한 소통을 돕는다. 이를 통해 상황에 적절히 대응하고, 최선의 결과를 이끌어내는 데 기여한다. 세 번째로, 세로토닌 신경은 뇌간의 정중부에 위치하며, 전전두피질과 편도체 사이의 균형을 유지하는 역할을 한다. 특히 공감과 관련된 뇌 기능의 중심 역할을 하며, 생존을 위해 뇌 전체의 기능을 조율한다.

마틴 셀리그만 박사는 과거에 대한 기억을 더 행복하게 만드는 방법이 세 가지 있다고 했다. 첫째는, "과거가 미래를 결정한다"는 관념에서 벗어나는 지적 능력이다. 둘째와 셋째는 정서적 능력으로, 이 두 가지는 모두 자신의 기억을 의도적으로 바꾸는 것과 관련되어 있다. 과거의 좋은 일들에 대해 감사하는 마음을 키우면, 긍정적인 기억이 더욱 강화된다. 반대로 과거의 나쁜 일들을 용서하는 법을 배우면, 과거의 고통에서 벗어날 수 있게 된다. 따라서 현재의 일상이 이미 지나간 과거의 기억들에 의해 순간순간 지배되고 있다면 그것은 곧 과거의 노예로 살아가고 있는 것과 다름없다.

지금까지 필자는 교육과 강의를 통해 수많은 사람들을 만나왔다. 삶을 비관하고, 우울해하고, 불안해하며, 무기력에 빠져 있는 사람들에게는 한 가지 공통점이 있다. 바로 '스스로 기분 좋음을 선택하는 능력이 부족하다'는 것이다. 그들은 가끔 기분 좋음을 선택할 수는 있어도, 그것을 오래 유지하지는 못한다. 우리의 뇌는 자주 생각하고, 관심을 두는 대상에 에너지를 쏟는다. 감정도 마찬가지다. 좋은 감정을 선택하면 좋은 감정을 느끼게 되고, 행동 또한 자연스럽게 긍정적인 방향으로 하게 된다. 그러면 목표한 일에서도 더 나은 결과를 얻을 가능성이 높아진다.

무엇보다 사람은 기분이 좋으면 바뀌게 되어 있다. 기분이 좋아지면 삶의 거의 모든 영역에서 '자발성'이 생긴다. 자발성이란 남의 지시나 영향이 아닌, 자기 스스로의 의지에 따라 행동하려는 태도다. 자발성이 생기면 현재의 직업에서 맡은 바 일을 잘하려는 의지가 생기고, 실제로 더 잘할 수 있게 된다. 업무 성과에서도 시간이 갈수록 탁월함을 드러내게 되고, 사람들과의 관계에서도 더 좋은 관계를 오래 유지하려고 노력한다.

이 모든 것은 삶을 대하는 태도, 사람을 대하는 태도와 자연스럽게 연결된다. 만약 주변에 나를 기분 좋게 해주는 사람이 있다면 그 존재에 무조건 감사해야 한다. 기분 좋은 경험은 나의 행복과 직결되며, 무기력하고 우울한 일상에서 빠져나오는 가장 강력한 자원이 된다. 기분 좋음을 선택하는 것은 회복탄력성을 높이는 일과 같다. 혹시 당신의 삶이 무기력하고, 하루하루가 무의미하며, 근심과 걱정, 미래에 대한 불안으로 가득하다면, 진정 내 삶의 주인공으로 다시 태어나고 싶다면, 지금 당장 "기분 좋음을 선택하라."

고장 난 생각을
수리하라

'인지'란 사람과 세상을 바라보는 시각이며, 동시에 자신에 대한 믿음과 세상에 대한 믿음이다. 쉽게 말하면, 자신의 눈으로 사람과 세상을 어떻게 보고 판단하는지를 의미한다. 그런데 무기력하거나 인간관계에서 반복적으로 실패하며 불행한 삶을 사는 사람들은 자신뿐 아니라 사람과 세상도 부정적인 시선으로 바라보는 경향이 있다. 이들은 좋지 않은 것들을 먼저 보고, 사건이나 상황을 부정적으로 판단하고 해석한다. 그리고 이런 해석이 자신도 모르는 사이에 자동적으로 일어난다는 것조차 깨닫지 못한다.

그래서 무기력한 사람은 사람이나 세상을 대할 때, 혹은 어떤 사건이나 상황에 직면했을 때 항상 좋지 않은 결과를 만들어 내고 그 결과가 악순환처럼 반복된다. 이것은 분명 문제이며 부적응이지만, 정작 본인은 그것을 문제로 인식하지 못한다. 따라서 무기력하거나 우울하고 불안한 사람은 사람과 세상을 긍정적으로 바라보고 대하는 방법, 즉 고장 난 생각을 건강하게 전환하는 연습이 필요하다. 그래야 감정과 행동 또한 건강하게 느끼고 표현할 수 있다.

한마디로 말하면 "부정적인 인지를 긍정적인 인지로, 부정적인 정서를 긍정적인 정서로, 학습된 무기력을 학습된 낙관주의로 전환"해야 한다. 즉 "고장 난 생각 회로를 재구축하는 것"이다. 그럼 이제, 구체적인 치료법을 알아보자.

사람의 생각은 감정과 행동에 큰 영향을 미친다. 스스로 어떤 사건이나 상황을 어떻게 해석하느냐에 따라 삶의 방향이 달라진다. 하지만 그 해석 방식에 오류가 생기면, 세상을 살아가는 데 다양한 문제들이 발생한다. 특히 무기력하고 우울한 사람일수록 이러한 왜곡된 사고 패턴이 심각하게 나타난다. 이때 효과적인 치료법이 바로 인지행동치료법이다.

인지행동치료(CBT: Cognitive Behavioral Therapy)란 사람의 정신적·심리적인 문제를 찾아내고 해결하는 치료법이다. 세상을 바라보는 시각과 사람을 대하는 방식을 이전과 다르게, 보다 건강한 방향으로 바꾸는 데 목적이 있다. 대표적인 인지행동치료 기법으로는 알버트 엘리스의 합리적 정서행동치료(Rational Emotive Behavioral Therapy)

와 아론 벡의 인지치료(Cognitive Behavioral Therapy), 그리고 마틴 셀리그만의 ABCDE 법칙이 있다. 이제 무기력을 회복할 수 있는 구체적인 치료법을 알아보자.

첫째, 합리적 정서행동치료의 창시자인 알버트 엘리스 박사는 다음과 같이 말한다. 어떤 사건이나 상황에 대해 우리가 갖는 비합리적이고 왜곡된 신념이나 부정적인 사고가 부정적인 결과를 초래한다고 말이다. 즉, 스스로에 대한 비합리적인 믿음이 정서적 왜곡을 일으킨다는 것이다. 따라서 이 치료는 왜곡된 신념을 합리적이고 긍정적인 신념으로 바꾸도록 유도하는 과정이다. 이처럼 인지 과정을 교정하는 것이 바로 합리적 정서행동치료의 핵심이다. 이를 설명하는 대표적인 모델이 바로 ABCDE 모델이다.

A: 선행사건(Activating event)

B: 비합리적인 신념(Belief)

C: 그 신념으로 인한 결과(Consequence)

D: 비합리적인 신념에 대한 논박(Disputation)

E: 새로운 믿음과 결과(Effect)

그럼 이제 예를 통해 구체적으로 살펴보자.

선행사건(A)

지난 1년 동안 준비한 시험에 떨어졌다.

비합리적인 생각, 왜곡된 신념(B)

창피함과 괴로움은 말할 것도 없고 수치스럽기까지 했다.

그 신념으로 인한 결과(C)

미래에 대한 불투명, 불안과 좌절감으로 인해 공부할 엄두를 못 내고 있다.

비합리적인 신념에 대한 논박(D)

시험 당일 감기에 걸려서 시험에 집중하지 못했다. 그래서 결과가 좋지 못한 것이다.

새로운 믿음과 결과(E)

무엇보다 컨디션을 관리하지 못한 내 잘못이 컸고, 감기가 아니었다면 시험에 합격했을 것이다. 다시 마음을 가다듬고 한 번 더 도전해 보자.

중요한 것은 B, 즉 내담자의 비합리적인 생각이나 왜곡된 신념을 찾아내서 B′, 즉 합리적인 신념으로 바꾸는 것이다. 무기력하고 우울한 사람들 역시 B를 B'로 전환시키는 것이 치료의 핵심이다. 이 과정에서 치료자는 내담자의 B가 잘못되었다는 점을 분명히 논박해 주어야 한다. 그리고 내담자와 치료자의 논박 강도가 강할수록, 내담자는 더 효과적으로 건강하고 합리적인 사고의 전환을 경험하게 된다. 이로써 삶을 더 활력 있게 살아갈 수 있다. 단, 한 가지 주의해야 할 점이 있다. 치료자가 논박해야 할 대상은 사람 자체가 아니라 '그 사람의 생각'이라는 점이다. 내담자가 치료자에게서 존중받고 있다는 느낌을 받아야 하며, 절대로 내담자의 인격을 모독하거나 공격해서는 안 된다.

두 번째, 인지치료의 대가 아론 벡은 평소 우울증에 깊은 관심을 가졌다. 그는 특히 우울증의 핵심에 자리한 부정적 인지의 3요소, 즉 자기, 세상, 미래에 주목했다. 이 세 가지가 왜곡되고 부정적인 사고방식으로 상호작용하면서, 사람은 끊임없이 자신을 비판하고 세상을 원망하면서 미래에 대한 불확실성을 키우게 된다. 이러한 사고는 결국 무기력을 야기한다. 또한 사람은 어떤 상황이나 사건에 대해 자신도 모르게 자동적으로 떠올리는 생각들이 있다. 이를 '자동적 사고(Automatic thought)'라고 한다. 말 그대로 자신의 의지나 노력과 상관없이 순식간에 떠오르는 생각이다. 이것은 한 개인에게 형성되어 고착된 사고의 패턴이다. 예를 들어 친구에게 전화를 걸었는데 친구가 계속 받지 않으면, '나하고 통화하기 싫어서 안 받는 거야'라는 생각이 자동적으로 떠오르는 식이다. 그러나 나중에 휴대폰 배터리가 없어서 전화를 못 받았다는 사실을 알게 되면 비로소 자신의 생각이 잘못되었다는 것을 깨닫게 된다. 인지치료는 이런 자동적 사고를 바로잡기 위해 소크라테스식 대화법을 활용하여 내담자가 지금, 여기에서, 스스로의 잘못된 신념을 찾아낼 수 있도록 돕는다. 그러면 구체적인 예를 통해 알아보자.

치료자 당신은 왜 당신이 선택한 대학에 들어갈 수 없을 것으로 생각하지요?

환 자 왜냐하면 제 성적이 그다지 좋지 않기 때문이죠.

치료자 평균 성적이 얼마지요?

환 자 음, 고등학교 마지막 학기 전까지는 정말 좋았어요.

치료자 일반적으로 당신 평균 점수는 얼마인가요?

환 자 A학점과 B학점이요.

치료자 각각 얼마나 되지요?

환 자 제가 생각하기에는 거의 모든 점수가 A였어요. 그런데 마지막 학기에서 형편없는 점수를 받았어요.

치료자 그때 점수가 어땠나요?

환 자 A 2개, B 2개였어요.

치료자 내가 보기에 당신의 학점은 거의 A인 것 같은데요. 당신은 왜 그 대학에 들어갈 수 없을 것으로 생각하나요?

환　자 경쟁이 아주 치열하기 때문이에요.

치료자 그 대학의 입학 평균 학점이 얼마인지 알아냈나요?

환　자 저, 어떤 사람이 저한테 그러는데요. 평균 B+이면 충분할 거래요.

치료자 당신의 평균 점수는 그보다 더 좋지 않은가요?

환　자 좋다고 생각해요.

위에서 치료자는 내담자에게 질문을 유도하면서 스스로 답하게 한다는 것을 알 수 있다. 이처럼 아론 벡의 인지치료는 환자 스스로 잘못된 결론을 내리는 인지적 오류를 소크라테스식 대화법을 통해 바른 결론으로 전환하는 방식, 즉 '인지적 재구조화 과정'을 거치는 것이다. 이 치료의 핵심은 내담자 스스로 자동적으로 떠올리는 생각을 찾아내는 것이라 할 수 있다.

위의 예에서 환자는 성적이 좋았음에도 불구하고 시험마다 A 학점 이하의 점수를 받는 것은 시험에 실패한 것이라는 '핵심 믿음'으로 인해 원하는 학교에 합격하지 못할 것이라는 '자동적 사고'가 형성되었다. 그래서 이 환자는 시험을 보는 생각만 해도 우울감이나 좌절감, 무력감을 느끼게 될 가능성이 높아진다. 상담 경험이 많지 않은 사람들은 이 핵심 믿음을 찾는 것이 쉬운 일이 아니기에 치료 과정에 더욱더 신중해야 한다.

세 번째, 마틴 셀리그만의 ABCDE 모델이다. 셀리그만 역시 왜곡된 믿음은 자신의 생각에서 비롯된 결과라고 보았다. 따라서 핵심은 그 생각의 실체를 반박하는 것이다. ABCDE 모델은 다음과 같이 구성된다.

A(Adversity): 개인에게 일어난 불행한 사건
B(Beliefs): 그 사건을 바라보는 왜곡된 믿음
C(Consequence): 왜곡된 믿음을 토대로 내린 잘못된 결론
D(Disputation): 왜곡된 믿음을 논리적으로 반박하는 과정
E(Energizing): 반박을 통해 새롭게 얻게 되는 활력과 변화된 감정 상태

이제 마틴 셀리그만의 저서 《긍정심리학》에 나오는 사례를 통해 어떻게 왜곡된 믿음을 반박하는지 배워 보자.

A(Adversity) 불행한 사건

결혼을 전제로 교제 중인 애인과 갈등이 잦아졌다. 서로의 단점이 자주 보이고, 집 문제로 서로의 경제력에 대한 불만이 쌓였다. 양가의 집안 문제까지 겹쳐 고성이 오갔고, 결국 결혼을 다시 생각해 보기로

했다.

B(Beliefs) 왜곡된 믿음

우리는 무엇인가 잘 맞지 않는다. 다른 커플처럼 결혼 준비가 즐겁고 행복해야 하는데, 우리는 그렇지 않다. 결혼 이후의 삶이 암담하게 느껴진다. 주변에 좋은 사람도 많은데, 정말 이 사람과 결혼해야 할까?

C(Consequence) 잘못된 결론

정말 화가 난다. 이 결혼을 다시 생각해 봐야겠다.

D(Disputation) 반박

아니야, 요즘 우리 둘 다 너무 바빴잖아. 휴일에도 일하느라 동생 결혼식에도 참석하지 못했을 정도였으니까. 서로 사귄 시간이 3년이나 되었는데, 결혼을 다시 생각해 보겠다는 나 자신이 오히려 속이 좁은 건 아닐까? 결혼 준비 중에 이런 다툼은 누구에게나 있을 수 있다고 들었잖아.

E(Energizing) 새로운 활력

그 사람의 입장을 조금 더 이해하자. 양가 집안까지 끌어들여 목소리를 높인 건 사실 내가 지나치게 민감했기 때문이야. 그때 내가 좀 참

앉으면 좋았을 텐데…. 내일 만나면 내가 먼저 사과해야지!

위와 같이 자신의 생각이 무엇인가 잘못되었다고 느낄 때면 수시로 생각을 바꾸어 반박해 보자.

네 번째로 일상에서 누구나 접할 수 있는 일을 건설적이고 미래지향적으로 전환할 수 있는 긍정심리요법을 소개한다. 사람은 동일한 상황에서도 각자의 삶의 방식에 따라 상황을 전혀 다르게 평가한다고 긍정심리학자들은 말한다. 어떤 사람은 긍정적으로 해석하고, 어떤 사람은 부정적으로 받아들인다. 필자가 긍정심리학을 강의나 교육에서 활용한 지 20여 년이 되었다. 그 경험 속에서 늘 느끼는 것은 긍정심리요법은 누구나 어렵지 않게 따라 할 수 있는 실용적인 치료법이라는 사실이다. 그럼 이제 긍정심리요법을 다음과 같이 세 가지 차원으로 나누어 살펴보자.

1) 영속성과 일시성: 현재 일어난 사건이 계속해서 일어날 것인지 아니면 이번 한 번만 일어날 것인지를 구분하는 것으로, 영속성과 일시성으로 분류한다. 아래와 같이 예를 들어 설명해 보겠다.

예) 좋은 일이 생겼을 때: 오랫동안 준비했던 시험에 합격했을 때

영속성	일시성
"역시 나는 어떤 시험이든 합격해."	"이번 시험은 공부한 대로 정말 쉬웠어."

예) 나쁜 일이 생겼을 때: 배탈이 났을 때

영속성	일시성
"나는 조금만 과식을 해도 배탈이 나."	"고기를 먹으면 배탈이 나."

2) 보편성과 특수성: 현재의 사건이 다른 일에도 영향을 줄 수 있는지 아니면 그렇지 않은지에 따라 보편성과 특수성으로 나눌 수 있다.

예) 좋은 일이 생겼을 때: 직장 상사에게 칭찬받을 때

보편성	특수성
"나는 어떤 업무를 맡든 칭찬받을 만해."	"이번 업무는 생각대로 마무리가 잘 되었으니 칭찬받는 것은 당연해."

예) 나쁜 일이 생겼을 때: 아버지가 언니와 차별할 때

보편성	특수성
"아버지는 항상 언니만 예뻐해."	"아버지는 나만 미워해."

3) 개인성과 비개인성: 어떤 일이 발생했을 때 자기에게만 일어나는 일이라고 생각하는지, 아니면 타인에게도 똑같이 일어나는 일이라고 생각하는지에 따라 개인성과 비개인성으로 나눌 수 있다.

예) 좋은 일이 생겼을 때: 친한 친구에게 생일 선물을 받았을 때

개인성	비개인성
"역시 OO는 나의 가장 친한 친구야."	"OO는 친구들 생일을 잘 챙겨줘."

예) 나쁜 일이 생겼을 때: 차량 접촉 사고가 났을 때

개인성	비개인성
"왜 항상 나에게만 이런 일이 생기지?"	"역시 운전은 아무나 하는 게 아니야."

다섯 번째, 뇌가 상황을 잘못 인지하면 잘못된 판단으로 이어져 생각이 꼬리에 꼬리를 물고 이어지는 사고의 오류, 즉 생각의 고장이 발생한다. 이로 인해 좋은 감정을 느끼지 못하고 올바른 행동도 하지 못하게 된다. 그 근본적인 이유는 크고 작은 트라우마 때문이다. 성장 과정에서의 좋지 않은 경험들이 무의식적으로 학습되어 결국 반복적인 사고의 오류로 고착되는 것이다.

생각, 즉 인지는 정서와 행동과 맞물려 있다. 좋은 사고 습관은 좋은 감정과 행동을 이끌어 낸다. 반대로 부정적인 사고 오류가 반복

되면 정서와 행동 모두 부정적으로 흐를 수밖에 없다. 이를 피하기 위해서는 사고 습관을 긍정적인 방향으로 전환해야 한다. 인지를 전환하는 연습을 꾸준히 하면 긍정적인 사고를 할 수 있다.

1. 긍정 격하

자신의 성공과 노력을 충분히 긍적적으로 수용해야 하는데, 이를 스스로 부정적인 경험으로 전환해 버리는 오류다. 이유는 자신이 세워 놓은 엄격한 기준 때문이다. 남들이 부러워할 만한 성취를 해도 본인은 운이 좋았다거나 일시적인 성과로 여기며 자신의 노력을 깎아내린다.

예 이번에 진급한 건 단지 내 차례가 되어서 그런 것뿐이야.

인지 전환 아니야! 내가 우리 기수에서는 영어도 제일 잘했고, 지난 3년간 결근도 한 번 없었잖아. 무엇보다 야근도 제일 많이 했을 만큼 회사의 성장에 기여했어. 이번 진급은 당연한 보상이야.

2. 극대화와 극소화

어떤 사람이 열 번의 행동 중 아홉 번을 잘했더라도 한 번의 실수로 그 사람을 평가하거나, 반대로 평소에 못하던 사람이 한 번 잘했을 때 '어쩌다가 한 번 잘한 것뿐'이라고 깎아내리는 것을 말한다.

[예] 오늘 발표는 완전 엉망이었어. 난 원래 사람들 앞에 서는 것은 소질이 없어.

[인지 전환] 아니야! 발표를 준비할 수 있는 시간이 며칠밖에 없었는데도 동료들이 잘했다고 했잖아. 조금 떨리기는 했지만 처음 발표치고는 잘한 편이야. 다음에 발표할 기회가 생기면 더 잘할 수 있어!

3. 과잉 일반화

가장 흔한 사고 오류로, 한 번의 경험이나 일부 사례를 근거로 모든 상황에 일반화해 버리는 습관이다. 이를 방치하면 삶 전반에서 사고의 오류가 반복된다.

[예] 그럼 그렇지. 이번 소개팅도 분명 퇴짜 맞을 거야.

[인지 전환] 아니야! 예전에 살이 찌지 않았을 때 주변에서 소개팅 제안도 많았고, 나 스스로도 자신감이 넘쳤잖아. 이번 기회에 다이어트해서 다시 예전의 매력적인 나로 돌아가자!

4. 흑백논리

모든 것을 '맞다'와 '틀리다' 혹은 성공과 실패로 극단적으로만 판단하는 이분법적 사고방식이다. 특히 완벽주의자들이 자주 빠진다.

[예] 또 떨어졌어. 더 이상 공부하고 싶지 않아.

[인지 전환] 아니야! 다른 과목들은 충분히 합격할 수 있는 점수였고, 영어 한 과목만 조금 부족했을 뿐이야. 기초부터 다시 시작하면 꼭 합격할 수 있어. 힘 내자!

5. 파국화와 재앙화

일어나지 않은 일을 미리 걱정하고 마치 이미 나쁜 결론이 난 것처럼 생각하는 오류다. 불안이 높은 사람들에게 자주 나타난다. 이 오류를 방치하면 걱정이 불안을 키우고, 다시 잘못된 생각이 불안을 되풀이시키는 악순환에 빠진다.

[예] 아무리 노력해도 하나도 변한 게 없어. 평생 이럴 거야.

[인지 전환] 아니야! 난 누구보다 성실하고 책임감이 강해. 지금은 어려워도 곧 좋은 날이 반드시 올거야.

이렇듯 반복된 사고의 오류는 사람과 세상을 건강히 바라보지 못하게 한다. 한마디로 고장 난 생각은 무기력을 더욱 지속시키고 강화한다. 그럴수록 평소 자신의 생각 방식을 유심히 들여다보고, 이를 전환해야 무기력에서 벗어날 수 있다. 진정으로 고장 난 생각을 바꾸고 싶은가? 그렇다면 당장 자신의 생각을 따져 보고 당당히 맞서라!

통제 가능한 것에
최선을 다하라

　사람은 누구나 행복해지기를 원하지만, 정작 행복해지는 구체적인 방법을 모른 채 평생을 살아간다. 강연과 교육을 통해 많은 사람들을 만나면서 깨달은 것은, 행복한 사람들을 더 행복하게 만드는 것은 쉽지만, 불행한 사람들을 행복하게 하는 것은 결코 쉽지 않다는 것이다. 그래서 나는 불행한 사람들을 완전히 행복하게 하기보다는, 그들이 조금이라도 덜 불행해지도록 돕는 데 초점을 맞춘다. 유감스럽게도 행복한 사람들은 스스로 행복할 수 있는 자원과 능력을 지니고 있지만, 불행한 사람들은 그럴 능력과 자원이 부족한 경우가 많다.

　우리는 초·중·고 시절부터 열심히 공부하면 대학 졸업 이후에는 얼마든지 행복하고 성공적으로 살 수 있다고 배웠다. 필자 또한 그렇게 생각했다. 하지만 그것은 사실상 거짓이었고, 학교에서 주입식으로 배운 교육은 결국 미래의 임금노동자를 양성하기 위한 것이었다. 그 결과 현대인들은 스스로 질문하고 답하는 사고의 기능을 상실하게 되었다. 주변 사람들과의 관계보다 혼자 고립을 선택하는 사람들이 점점 늘어나고 있다. 또한 어떤 문제를 해결하기 위해 직면하기보다는 회피를 택하고, 삶의 활력 대신 무기력과 우울 속에서 겨우 생존하고 있다.

행복한 나라로 잘 알려진 히말라야 산맥의 산악국 부탄 국민들은 물질적으로 풍요롭지 않아도 국민의 97%가 스스로 행복하다고 말한다. 또한 부탄에서 태어난 것을 가장 큰 자부심으로 여기며, 이 사실이 애국심을 갖게 한다고 한다. 인구는 광주광역시의 절반 정도인 약 70만 명에 불과한 작은 나라이지만, 국민의 삶의 만족도는 세계 최고 수준이라고 할 수 있다.

1972년, 16살의 어린 나이에 제4대 국왕에 즉위한 지기메 싱케 왕추크 국왕은 주변 국가들이 경제 성장에 총력을 기울일 때, 부탄 국민 한 사람 한 사람이 고민 없이 마음 편한 삶을 살 수 있도록 부탄행복연구센터를 직속 기관으로 설립했다. 그만큼 그는 국정 운영에 독자적인 철학을 갖고 있었다. 한마디로, 부탄 국민이 일생을 살아가는 동안 '풍요와 풍족'도 중요하지만, 정신적·심리적 균형을 위한 주관적 만족감, 즉 '행복(Happiness)'을 최우선으로 하는 사회를 지향한 것이다.

우리가 흔히 말하는 웰빙(Well-being)이라는 개념은 평생 잘 먹고 건강하게 사는 것을 뜻한다. 그러나 불안하고 불확실한 미래를 살아가는 사람들에게 지기메 싱케 왕추크 국왕이 강조한 것처럼 정신적으로는 '고민이 없는 삶'을, 심리적으로는 '속 터지는 일이 없는 삶'을 동시에 유지할 수 있는 균형이 반드시 필요하다.

특이한 점은 부탄에서는 첫눈이 내리는 날을 국경일로 지정해, 눈이 내리는 순간부터 국가의 모든 기관, 학교, 병원, 공공시설 등이 쉰다는 것이다. 첫눈이 주는 설렘을 안고 일찍 퇴근해 가족과 소중한 사람들(Significant others)과 함께 행복한 시간을 보내도록 국가가 배려하는 것이다.

부탄은 세계에서 신호등이 없는 유일한 나라이다. 또한 텔레비전이나 핸드폰 같은 근대화 물결이 시작된 것도 1999년 이후다. 농사 또한 자신이 먹고 살 수 있을 만큼의 토지를 무상으로 공급받아 큰 욕심 없이 자신의 삶에 최선을 다하면서 살아간다. 또한, 이혼이 거의 없고, 거리에는 노숙자나 부랑자들이 없을 뿐 아니라 부모가 죽고 없는 자녀들은 그들의 친척들이 의무적으로 양육해야 한다. 살면서 해결하지 못하는 문제에 직면했을 때는 누구나 국왕에게 직접 문제를 논의할 수 있다.

주목해야 할 점은 부탄 국민의 1인당 연간 소득이 우리나라 돈으로 400만 원이 채 되지 않는다는 것이다. 어떻게 경제적인 수입이 이렇게 적은데도 국민이 각자의 삶에 만족하면서 살 수 있을까? 이는 국가의 정책과 시스템에 대한 신뢰와 만족도가 그만큼 높기 때문이다.

필자는 교육이나 강연을 할 때 청중에게 직접적으로 묻는다. "연봉이 얼마 정도 되면 좋겠습니까?" 대부분 적게는 5천만 원부터 많게는 1억 이상의 고액 연봉을 원한다. 하지만 현실적으로 대부분의 직장에서는 희망 사항에 그칠 뿐이다. 그러나 희망이 현실이 되기 위해서는 자신의 능력을 제대로 아는 것은 기본이고, 삶에서 행복을 위해 통제 가능한 것과 통제 불가능한 것을 구분할 줄 알아야 한다. 안타깝게도 무기력하고 우울의 패턴에 갇혀 있는 사람일수록 자신의 현실적인 능력에 비해 성취하려는 이상이 너무 높아 통제 불가능한 것에 에너지를 쏟는 나머지 실패를 반복적으로 경험하게 된다.

마틴 셀리그만의 《긍정심리학》에서는 행복을 100%라고 했을 때, 그중 50%는 태어난 환경과 부모가 물려준 유전자에 의해 결정되고 설정된다고 말한다. 다시 말해, 태어날 때부터 어느 정도 행복해질 가능성이나 불행해질 가능성이 정해져 있다는 뜻이다. 하지만 사람은 열심히 살아가다가도 삶의 위기에 부딪히면 자신을 낳아준 부모나 태어난 환경을 원망하면서 뜻대로 되지 않는 현실을 통제할 수 없는 사실에 심리적 박탈감을 느낀다. 그러나 이는 애초에 통제가 불가능한 부분이므로 후회하거나 거기에 에너지를 쏟을 필요가 없다.

100% 중 나머지 10%는 외적 조건에 의해 달라질 수도 있다. 이 조건은 집, 자동차, 학력, 외모, 배우자 등과 같이 많은 시간과 자본을 투자해 진득하게 노력하면 어느 정도 충족할 수 있는 것들이다. 그렇다 보니 사람들은 이를 위해 상당한 에너지를 쏟는다. 그러나 이 외적 조건들 또한 통제할 수 없는 부분이 많다. 그럼에도 불구하고 오늘날 현대인들이 이 10%를 채우기 위해 인생을 소비한다. 하지만 이 10%마저도 스스로 통제 불가능한 것이라고 느껴진다면 굳이 거기에 큰 에너지를 쏟을 필요는 없다.

하지만 나머지 40%는 스스로 노력해서 얼마든지 삶을 행복한 쪽으로 바꿀 수 있다. 이는 물질적인 부를 떠나 진정한 웰빙에 필요한 요소를 갖추는 것이다. 현재의 감정이 부정적인 정서에 가깝다면 이를 긍정적 정서로 전환해야 한다. 일과 직업에서 몰입하며 즐길 수 있는 것도 전적으로 내 통제 아래 있다. 또한 주변 사람들과의 관계를 더 좋은 방향으로 오래 유지할 수 있고, 무슨 일을 하든 어디에 있든 현재 자신이 처한 상황을 유리한 쪽으로 해석해 의미를 부여할 수 있다. 크고 작은 목표를 세우고 성취하는 것 또한 통제 가능한 것이다. 이 밖에도 긍정적 정서, 몰입, 의미, 관계, 성취를 더 꽃피우도록 돕는 강점 개발, 회복력 훈련, 긍정심리치료 등도 모두 통제 가능한 것으로, 스스로의 노력으로 얼마든지 성취 가능한 것이다. 그러니 이 40%를 마음껏 기뻐하며 활용하라.

16세기 말 코페르니쿠스는 태양이 우주의 중심이고, 지구가 태양 주위를 돌고 있다는 지동설을 주장했다. 태양을 중심으로 수성, 금성, 지구, 화성, 목성, 토성 순으로 원을 그리며 공전하고 있다는 것이다. 그 이후 갈릴레오 갈릴레이 또한 지동설을 지지하고 나섰는데 당시 로마 종교계의 큰 반발을 불러일으켜 끊임없는 탄압을 받으며 재판에 회부 되었다. 두 번째 판결에서 유죄 판결을 받은 그는 지동설을 포기하겠다는 선언서를 읽은 직후에 혼잣말로 "그래도 지구는 돈다"라는 유명한 말을 남겼다.

AI의 진보와 기술의 고도화 속에서 무기력과 우울의 악순환에 빠져 있는 사람들은 하루하루를 버텨 내듯이 살아가고 있다. 그런 사람들일수록 이제 '행복'이라는 태양을 삶의 중심에 놓을 수 있어야 한다. 태양, 즉 행복을 각자의 삶의 중심에 두고 그 주변을 돌고 있는 수성을 성공으로, 금성을 건강으로, 화성을 관계로, 목성을 돈으로, 토성을 시간으로 여길 수 있는 패러다임의 전환이 필요하다. 하지만, 안타깝게도 무기력하고 우울한 사람일수록 '성공'을 삶의 중심에 놓고 산다. 성공만 하면 얼마든지 행복할 수 있고 건강, 관계, 돈, 꿈의 성취 또한 이룰 수 있다고 생각한다. 물론 완전히 틀린 말은 아니다. 하지만 성공은 한 번으로 만족하지 못하고 또 다른 성공을 목표로 하게 만들어 성공에 중독되게 한다. 결국 성공의 노예가 되고 마는 것이다.

그래서 무기력하고 우울한 사람들일수록 삶의 중심을 성공보다는 행복에 두어야 한다. 그래야 훨씬 더 건강한 삶을 살 수 있고, 장수할 수 있게 된다. 주변 사람들과의 관계 또한 한층 더 강화·확대될 수 있고, 스스로 세운 목표들을 성취할 수 있는 기회도 더 많아지게 된다.

특히 과거의 충격적인 상처와 실패로 인해 하루하루를 무기력하게 살아가는 사람일수록 이제는 무기력과 우울이라는 가면을 벗고 행복이라는 스텔스 방탄복을 걸쳐야 한다. 이것은 행복에 초점을 맞추어 삶의 우선순위를 바꾸고 통제 가능한 것과 통제 불가능한 것을 구분하는 작업을 거쳐야 한다. 이 작업이 있어야만, 진정으로 중요한 것과 그렇지 않은 것을 구분할 수 있고, 긴급한 일의 횡포에 시달리는 일도 줄어들어 진짜 중요한 일에 에너지를 쏟을 수 있게 된다.

긴급한 일의 횡포란 현재 눈앞에 닥친 급한 일들을 처리하느라 정작 가까운 미래에 유익을 주게 되는 중요한 일을 하지 못하게 되어 결국 행복할 수 있는 기회를 계속해서 놓치게 되는 것을 말한다. 긴급한 일의 횡포에 시달리지 않기 위해서는 항상 새로운 것을 배우며, 통제 불가능했던 배움의 불편을 통제 가능한 것으로 받아들여,

가까운 미래의 행복과 만족을 위해서 끊임없이 노력해야 한다.

그러기 위해서는 다음 그림처럼 일을 처리하는 순서의 패러다임이 필요하다.

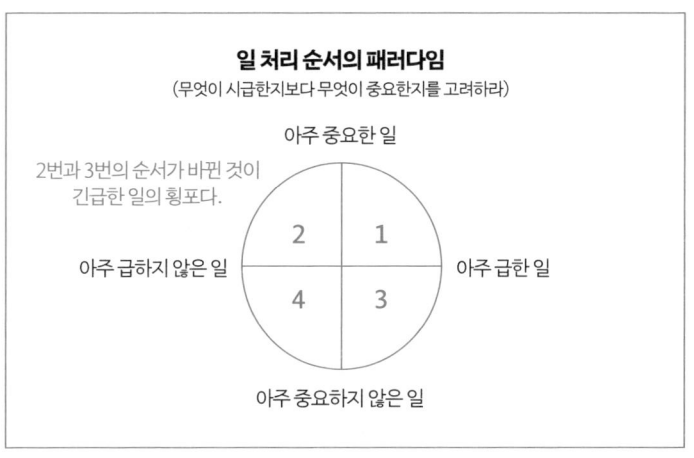

위의 그림에서 보는 것처럼, 누구나 1번을 가장 먼저 처리하는 것이 당연하다. 그런데 긴급한 일의 횡포는 바로 2번과 3번의 순서가 뒤바뀌는 것이다. 이런 사람들은 급한 일만 처리하느라 대부분의 에너지를 다 써버려 정작 진짜 중요한 일에는 쓸 에너지가 없어지는 것이다. 가까운 미래에 자신에게 유익을 줄 만한 일들은 계속 실행을 미루게 된다. 누구나 현재의 상황보다 더 나은 미래를 준비하는 일에 최선을 다해야 한다는 것은 잘 안다. 그러나 무기력한 사람들은 긴급한 일만 처리하느라 시간이 지나도 전혀 변화되지 않은 일상을 반복할 수밖에 없는 것이다.

 무엇보다 일상에서 긴급하고 중요한 일을 처리한 다음에는, 긴급하지는 않지만 중요한 일에 에너지를 투입하여 통제 가능한 행복을 누려야 한다. 그러면 자연스럽게 주변 사람들까지 행복해지는 모습을 보게 될 것이다.

심리적 맷집을 기르라

    누구나 고난과 시련이 있기 마련이다. 그 고난과 시련을 회피하지 않고 당당히 직면할 수 있는 사람은 얼마나 될까? 세 사람 중 한 명밖에 되지 않는다고 하니 놀라울 따름이다. 어떤 사람은 힘든 과정을 이겨내고, 남들이 부러워할 결과물을 만들어낸다. 그러나 그렇지 않은 사람들도 있다. 그 차이점은 무엇일까? 그 비밀은 심리적 맷집 즉 미음의 힘, '회복틴력성(Resilience)'에 있다. 회복틴력성은 포기회로 대신에 맷집회로를 뇌 속에 구축하는 것이다. 어렵고 힘들어도 포기하지 않고, 굳건히 버텨내며 자신이 처한 시련과 역경에 맞짱떠서 자신에게 유리한 방향으로 삶을 해석하는 내면의 힘이다.

    배우자 또는 사랑하는 사람들의 갑작스러운 죽음, 사업 실패 등 각자의 삶에서 일어나는 크고 작은 역경을 이겨내지 못하고 무기력한 일상을 보내고 있는 사람들은 심리적인 맷집이 약하다. 육체노동을 하기 위해서는 무엇보다 근육의 힘이 강해야 한다. 몸에 근육이 필요하듯이 마음의 근육도 필요하다. 살아가면서 크고 작은 시련에 맞서려면 마음의 근육이 튼튼해야 한다. 그런데 무기력한 사람은 마음의 근육이 약하다. 의욕이 없어서 그 어떤 것도 실행하려 하지 않는다. '또 실패할 거야…'라는 말하며 이전의 경험이 고스란히 생각과 행동을 지배해 시도조차 하지 않는다.

무기력한 사람일수록 자신에게 부족하고 무엇을 더 노력해야 하는지 명확하게 알아야 한다. 그래야 삶의 목표를 성취할 수 있는 자원을 얻게 된다. 필자는 강연과 교육을 통해 많은 사람을 만나면서 회복탄력성이 약한 사람들의 몇 가지 특성을 발견했다.

첫째, 이들은 자신의 힘으로 무엇인가 꾸준하게 노력해서 좋은 결과를 낸 적이 거의 없었다. 이들은 목표나 계획을 세워놓고, 중간에 포기했던 경험이 습관처럼 굳어져서 목표를 완수해서 얻는 유익의 가치를 모른다.

둘째, 스스로 불편을 느끼거나 통제하지 못하는 사람이나 상황이 스트레스로 작용한다. 문제를 해결하기 위해 직면하기보다는 위장된 평화를 연출하거나 그 사람이나 문제 상황을 회피한다. 동일하고 유사한 상황일수록 직면보다는 회피가 많아져 심리적 레벨이 정체

되거나 퇴행하는 일이 반복된다.

셋째, 그동안 성장한 환경이나 살아온 과정에서 긍정적인 경험보다는 부정적인 경험이 많았다. 그 결과 세상을 대하는 시각과 태도가 좋지 않아 사람과 소통하고 관계하는 것에 어려움을 느낀다. 무엇보다 생존을 위한 직업 현장에서 일어나는 크고 작은 갈등에 힘들어하고 괴로운 감정에 쉽게 휘둘리고 좌절한다. 현대 뇌과학에서도 긍정적인 사람은 부정적인 사람에 비해 전두-변연계에서 어떠한 상황과 사건을 긍정적으로 해석한다는 것을 확인했다. 또한 이들은 세로토닌이나 옥시토신, 도파민같이 몸에 유익한 호르몬이 다량 분비된다는 것을 확인했다. 반대로 무기력하고 우울한 사람은 무력감을 동반한 수치심이나 죄책감 등 자신을무가치한 대상이라는 내면의 목소리에 휘둘린다.

《번 아웃》의 저자 크리스티나 베른트는 회복탄력성이 형성되는 데는 타고난 유전자가 상당한 역할을 한다고 했다. 하지만 정신적 저항력을 높이거나 취약하게 만드는 것이 비단 유전자뿐만이 아니라고 말한다. 부모의 양육 방식 등 환경적 영향도 인체의 생물학저 구조에 반영되고, 유년기 시절의 부정적인 경험들은 사라지지 않고, 지속적으로 뇌 속에 저장된다고 했다. 최근 과학 기술의 발달로 뇌 촬영이 가능해졌다. 뇌 촬영술을 통해 살펴본 결과 부모로부터 충분한 관심과 사랑을 받지 못한 아이들은 뇌에서 스트레스 처리가 충분하게 이루어지지 않다는 것이 밝혀졌다. 더불어 후성유전학은 한 사람의 일생에 있어 다양한 경험들이 타고난 유전적 소질을 변화시키고 기록되며 동시에 다음 세대에 전수된다는 것을 밝혀냈다.

회복탄력성을 높이려면 어떻게 해야 할까? 예상하지 못한 일들로 순간순간이 시련이고 역경이면 어떻게 대처해야 할까? 눈앞에 고통스러운 상황이 발생했을 때 회복탄력성이 높은 사람들과 행복한 사람들은 어떻게 할까?

첫째, 다른 사람들도 인생에서 크고 작은 역경에 휘둘리며 살아가고 있다는 것을 알고, 위안을 얻는다. 회복탄력성은 각자가 시련과 역경에 직면하는 과정에서 다양한 사건과 상황을 새롭게 해석하고 반응하는 방식을 강화한다. 시간이 갈수록 삶을 유리하게 안내하는 총체적인 힘을 갖추게 한다.

둘째, 일상에서 부정적인 습관을 줄이거나 없애고 긍정적인 습관을 반복한다. 주변에 부정적인 행동이나 표현을 하는 사람과 사물이 있다면 거리를 둬야 한다. 할 일을 미뤄 놓고 컴퓨터나 스마트 폰, 술, 마약, 약물 등과 파괴적인 교류를 계속한다면 불행한 삶을 살 수밖에 없다. 행복은 자동온도조절장치와 같다. 각자의 인생에서 불행했던 일이나 행복하게 느꼈던 일들은 일시적이다. 신체가 우리 몸의 균형을 유지하려는 항상성(Homeostasis)처럼 시간이 지나면 원래 자신이 느끼고 있던 행복 수준으로 되돌아간다.

셋째, 내가 경험하는 것을 뇌가 경험한다는 것을 알아야 한다. 뇌는 경험한 대로 행동한다. 따라서 사람이나 환경에서 좋은 것을 많이 경험해 뇌의 작동 방식을 새롭게 구축해야 한다. 바로 뇌의 신경가소성(Neuro plasticity)을 이용하는 것이다. 우리는 자신의 노력 여하에 따라 얼마든지 자신이 원하는 방식으로 뇌를 재설정할 수 있다. 부정적인 태도를 긍정적으로 바꿀 수 있다.

그동안 자신이 겪어왔던 사건 중에서 가장 어렵고 힘든 일을 글로 써보자. 그리고 그 사건을 어떻게 해결해 왔는지 살펴보자. 무엇이 부족했고 필요했는지 정리하다 보면 미래에 크고 작은 시련과 역경을 대처할 방법도 알게 될 것이다.

가장 힘든 시련이나 역경을 글로 써보기

- 어떤 시련과 역경을 경험했나요?
- 그 사건을 직면했나요? 회피했나요?
- 직면하는 과정에서 무엇이 부족하다는 것을 느꼈나요?
- 회피했다면 왜 회피했는지 그 이유를 글로 써보세요.
- 동일한 사건이나 상황일 때에도 회피할 건가요?
- 스스로 회복탄력성을 높이기 위해 어떻게 노력할 건가요?

넷째, 자신의 대표 강점을 찾아 일상에서 발휘하고 꾸준히 발전시켜 나가는 것이다. 자신의 대표 강점을 찾고 싶다면 마틴 셀리그만의 저서 《긍정심리학》, 《낙관성 학습》을 참고하기를 바란다. 또한 회복탄력성에 대해 더 알고 싶다면 캐런 레이비치와 앤드류 샤테의 《절대 회복력》과 게일 가렐의 《하버드 회복탄력성 수업》을 추천한다.

다섯째, 감사하기다. 신경심장학은 뇌와 심장이 계속해서 정보를 주고받으며 소통한다는 것을 밝혀냈다. 힘든 일이나 분노가 폭발할 정도의 감정 상태에서는 심장박동수가 불규칙해져서 불안해진다. 이때 명상이나 요가와 같은 이완 요법을 활용하거나 즐거운 일을 상상하고 행복했던 경험을 떠올리면 정상적인 심장박동수로 회복된다. 감사하기는 명상보다 몸과 마음이 빠르게 균형 상태를 유지하고 긍정적 정서 향상에도 효과적인 것으로 나타났다.

일과를 마치고 잠자리에 들기 전에 기분 좋았던 일, 남에게 도움을 받았던 일, 또는 행복한 일을 찾아 감사 일기를 써보라. 처음에는 익숙하지 않아 감사한 일 몇 개만 쓰게 된다. 하지만 시간이 지나면서 감사의 이유까지 생각하며 작성하게 된다. 그 과정이 되면 무심코 지나친 일까지도 감사하게 된다. 감사한 사람에게 전화해서 그 마음을 전하거나 직접 만나서 감사 편지를 읽어준다면 관계는 더 깊어지고 좋은 쪽으로 흘러갈 것이다.

감사를 꾸준히 하면 긍정적 정서가 강화된다. 나아가 내 가족과 소중한 사람들의 행복에 이바지하고 관여하는 긍정적 정서가 확장된다.

감사하기

- 하루 중에서 감사했던 일 3가지 적어 보기

① 첫 번째 감사한 일 :

　- 구체적인 이유 :

---

② 두 번째 감사한 일 :

　- 구체적인 이유 :

---

③ 세 번째 감사한 일 :

　- 구체적인 이유 :

- 감사한 일이 왜 감사한지 그 이유 적어 보기
- 감사함을 전하고 싶은 대상에게 감사 표현하기
- 감사함을 전하고 싶은 대상에게 감사 편지 낭독하기

《긍정심리학》의 저자 마틴 셀리그만 박사는 인생에서 온갖 시련과 역경을 극복한 사람들은 어려운 환경에서도 자신의 장점에 집중하면서 그것을 강점으로 키워나갔다고 말한다. 또한 일상에서 대표 강점을 꾸준하게 실천하는 것이 진정한 행복으로 가는 지름길이라고 강조한다. 이 말을 조금 더 쉽게 풀어보면 자신의 대표 강점을 발휘하는 것은 사회에서는 어른이 아이들에게, 가정에서는 부모가 자녀에게, 직장에서는 상사가 부하에게, 삶에서는 멘토가 멘티에게 해줘야 할 안정된 환경과 같은 것이다.

 필자는 강연과 교육을 통해 무기력하고 우울한 사람들은 회복탄력성뿐 아니라 문제해결 능력이 턱없이 부족하다는 것을 알게 되었다. 부정을 긍정으로, 실패를 성공으로, 회피를 직면으로, 위기를 기회로 바꿀 수 있는 내면의 지구력 즉 '극복의 힘'이 부족한 것이다. 안타깝게도 무기력하고 우울한 사람들은 '고립(Isolation)'이라는 방어기제를 선택한다. 그리고 어렵게 느껴지는 사건이나 상황은 일단 회피하려고 한다. 그리고 유사한 상황이나 사건이 일어나면 또다시 회피한다. 악순환이 계속되는 것이다. 다른 사람들과 관계하고 소통하는 것 또한 피상적이고 지속적이지 못해 관계에 어려움을 겪는다.

 에미 워너의 카우아이섬 연구의 결론은 회복탄력성을 지닌 아이들의 공통점은 그 아이의 인생에 있어 무슨 일이 있어도 자신의 편이 되어주는 어른이 적어도 한 명 이상 있었다는 것이다. 자신을 사랑하는 것도 타인으로부터 사랑받는 것도 각자의 능력이다. 무기력을 무기력하게 만드는 '회복탄력성'은 반드시 갖추어야 할 기술이며 자원이라는 점을 다시 한번 강조한다.

멘토를 만나 성장하라

　미국의 심리학자 해리 할로우는 태어난 지 얼마 되지 않은 붉은털 새끼원숭이를 어미와 분리시켜 대리 어미들과 함께 지내도록 했다. 하나는 젖병이 있는 철사 대리모였고 또 다른 어미는 부드러운 천으로만 감싸진 대리모였다. 붉은털새끼원숭이는 배가 고플 때만 철사로 만들어진 어미에게 가서 우유를 먹고, 다시 천으로 만들어진 어미에게 돌아와 나머지 시간을 보냈다. 이렇듯 어린 생명이 한 대상과 애착이 형성되는 과정은 단순히 먹는 것이 아니라 어미의 품에서 느껴지는 온기 있는 접촉을 통한 정서적 유대감임을 알 수 있다.

　하지만 성장 과정에서 학대와 방치, 소외, 상실, 거절, 유기, 폭력, 비교 등의 반복된 트라우마로 인해 애착에 실패한 사람들은 부모와의 정서적인 유대감이 제대로 형성되지 않은 채 성장해서 사람과 소통하고 관계하는 것에 큰 어려움을 느낀다. 이러한 애착 형성은 2장에서도 강조했듯이 나무의 뿌리에 해당하는 만큼, 초기 양육자와의 관계 경험은 사람을 대하는 방식에 큰 영향을 미치게 된다.

  1장의 사례자들 또한 초기 양육자와의 애착 경험들이 건강하게 형성되지 않아 관계의 실패가 트라우마가 된 경우들이다. 이로 인해 불행한 삶을 사는 것이다. 필자도 마찬가지였다. 아버지의 갑작스러운 죽음으로 인한 불안정한 성장 환경은 필자의 인생에 줄곧 영향을 끼쳐 왔다.

  따라서 애착트라우마로 인해 불행한 삶을 살고 있는 사람일수록 정서적 유대감을 형성할 수 있는 새로운 대상을 찾아야 한다. 그 대상이 나이가 많든 적든 자신에게 유익을 줄 수 있는 대상이면 일정 기간 동안 의존하라. 그래야만 심리적 재탄생은 물론 자신의 문제를 제대로 인식하고 해결할 수 있을 뿐만 아니라, 자신이 원하는 삶을 살게 되며 삶의 실력가로 우뚝 설 수 있게 된다. 이해를 돕기 위해 필자의 사례를 소개한다.

"탁월한 스승을 만나다."

2008년 가을 필자는 한국웃음임상치료센터(대표 정해성)에서 주관하는 "눈물치료 보수교육"에 참석했었다. 그 당시 필자는 웃음이라는 도구만으로는 사람의 억압된 마음을 충분히 표현하게 하는 데 한계를 느끼고 있었기에, 웃음치료에 분노치료, 눈물치료를 접목하고자 준비하고 있던 시기였다. 마침 교육에 초빙된 강사님은 그 분야에서 사람의 마음을 움직이는 강의로 명성을 떨치고 있던 이병준 박사님이었다. 그 당시 보수교육 참석 인원이 60여 명이었는데, 나를 제외하고는 모두 여성 간호사였다. 여성들이 모인 자리에 남자인 내가 혼자 적응하기에는 조금 불편하고 어색했지만, 최선을 다해 교육에 참여했다.

총 4시간 동안의 교육에서 2시간이 지나고 3시간째 강의가 진행되자마자 나는 온몸에 전율을 느끼게 되었다. 2시간 강의만으로도 사람의 마음을 들었다 놨다 하는 기술에 깊은 인상을 받았다. 박사님은 모든 교육생들을 둥근 대형을 만들어 바닥에 앉게 하고는 '사랑의 로망스'를 클래식기타로 연주하기 시작했다. 연주가 3분의 1도 채 지나지 않았는데 박사님 바로 옆에 앉아 있던 교육생은, 감정이 북받쳤는지 갑자기 서러움에 목놓아 울기 시작했다. 그 모습을 옆에서 지켜보던 내 마음도 서서히 요동치기 시작했다. 그 옆에 앉아 있던, 또 그 옆에 앉아 있던 교육생들이 마치 전염이라도 된 듯 하나둘 눈물을 터트리기 시작했다. 교육장은 어느새 장례식장을 방불케 하는 눈물바다가 되었다. 한마디로 충격 그 자체였다. 순간 '내가 하고 싶은 강의가 바로 이런 강의야! 도대체 어떻게 하면 저렇게 강의할 수 있을까?'라는 내면의 외침이 터져 나왔다. 교육이 끝난 후 나는 박사님의 명함을 받아 와 그날 저녁 바로 박사님께 메일을 보냈다.

"이병준 강사님, 오늘 서울역 대회의실에서 교육받은 나명진입니다. 최근 들어 오늘처럼 제 마음이 행복했던 적이 없었습니다. 사람은 누구나 아픈 상처를 안고 살아가지만, 그 상처를 치료하고 싶어도 방법을 몰라 불행하게 살아가는 사람들이 정말 많습니다. 박사님의 훌륭한 가르침을 받고 싶습니다. 배우고 싶습니다. 저에게 배울 수 있는 기회를 주실 수 있겠습니까?"

메일을 보낸 지 며칠 후 박사님으로부터 답변 메일이 왔다.

"반갑습니다. 이병준입니다. 나명진 님께서 원하시면 만나도록 합시다. 11월 2일 아침 10시 교대역 10번 출구 쪽에 있는 **리너스 커피 전문점에서 보도록 합시다."

11월 2일, 가을비가 내리는 아침에 나는 기쁜 마음을 안고 약속된 장소에서 드디어 이병준 박사님을 만날 수 있었다. 강사님은 나를 보자마자 자필 서명을 한 당신의 저서 《남편 사용 설명서》를 선물로 주셨다. 감동이었다. 많은 이야기가 오간 뒤 박사님은 "12월 초 강남역 8번 출구 쪽에 사무실을 오픈하게 되었습니다. 나명진 님께서 원하시면 그쪽으로 출근하셔도 됩니다"라고 말씀하셨다.

박사님과의 미팅이 끝나고 몇 번의 메일을 더 주고받은 후, 사무실 오픈 시기에 맞춰 강남역 사무실로 출근하게 되었다. 출근 첫날, 박사님은 나를 조용히 앉히고 이렇게 말씀하셨다. "그동안 살아온 과정을 편안하게 얘기해 보세요. 어떤 얘기라도 좋습니다." 여태껏 살아오면서 다른 사람의 말이 그렇게 따뜻하게 들렸던 적이 없어 자연스럽게 마음의 문이 열렸다.

한참 동안의 얘기가 끝나고 박사님은 "만만치 않은 인생이었네요. 차분히 하나씩 하나씩 알아 갑시다"라고 말하면서, 팀 슬레지의 《가족치유 마음치유》라는 책을 읽어 보라고 하셨다. 그때부터 나는 박사님을 사부님으로 모시고, 본격적인 코칭을 받기 시작했다. "내 옆에 있으려면 무조건 책을 읽어야 합니다. 책을 읽지 않으려면 옆에 있을 필요 없습니다. 저기 보이는 책들 중에서 아무 책이나 읽어도 상관없습니다. 대신 책을 읽은 후 반드시 리포트를 써서 프레젠테이션을 하든, 브리핑을 하든 둘 중 하나는 반드시 하셔야 합니다"라는 엄중한 요구를 하셨다. 여태까지 책을 읽고 누군가에게 브리핑이나 프레젠테이션을 해본 적이 없어서 내심 걱정이 앞서기도 했지만 나는 사부님의 진정성 있는 말이 마음에 와닿았다. 그래서 무슨 일이 있어도 사부님이 제시하는 방향대로 해야겠다고 마음속으로 굳게 다짐했다. 아니 진정 사부님처럼 되고 싶었다.

그나마 학창 시절 전교에서 몇 손가락 안에 들 정도로 공부하는 데는 자신이 있던 터라, 시간 나는 대로 열심히 책을 읽고 또 읽었다.

심지어 출퇴근하는 지하철 안에서는 말할 것도 없고, 지하철에서 내려 사무실까지 이동하는 동안에도, 화장실 안에서도, 밥을 먹으면서도, 집 앞 마트를 갈 때도 책을 손에서 내려놓지 않았다. 책을 읽은 후에는 리포트를 작성해서 사부님께 직접 프레젠테이션을 한 후 피드백을 받는 작업과 책에 있는 내용의 핵심을 찾아내는 작업, 강의에 연결하는 작업 등을 2년 가까이 했다.

사부님을 만나기 전 독서량이 턱없이 부족했던 나에게는 정말 힘든 과정이었다. 처음에는 책 한 권을 읽는 데 일주일 정도 걸렸다. 그다음 책은 약 4일 정도, 그다음 책은 3일, 다음 책은 2일, 다음 책은 하루에서 대여섯 시간으로, 한 권을 완독하는 데 걸리는 시간이 점점 줄어들었다. 심지어 강의에 직접적인 도움이 될 수 있는 책들은 15~20번 정도 깊게 읽기도 했다. 따지고 보니 2008년 12월부터 2010년까지 사부님의 코칭을 통해 읽었던 책만 해도 300권 정도 되었다. 그것도 사부님께서 직접 히트 치는 강의를 하기 위해 공부했던 심리학과 철학, 인문학, 고전, 신화 등 수준 높은 인문학 서적들이었다.

독서와 함께 2010년부터 2012년까지는 대학원 수준의 심리학 코칭도 병행했다. 그 덕분에 사부님이 상담하는 모습을 현장에서 직접 눈으로 보고 귀로 들으며 배울 수 있었다. 독서와 사부님의 코칭을 통해 사람 중심의 접근을 배우고 나니, 사람의 변화와 성장을 위해 어떤 책이 필요하고 어떤 원리가 적용되어야 하는지, 그리고 급변하는 미래 사회에서 강사로서 우위를 점하려면 어떤 책을 읽어야 하는지를 터득할 수 있게 되었다. 이것에 내게 큰 자산이 되었다. 사부님을 만나면서 독서 습관이 자연스럽게 몸에 배었고, 그 덕분에 지금까지도 일주일에 1~2권 정도의 책을 꾸준히 읽고 있다.

책을 읽는 작업을 하던 중 어느 날 사부님은 또 한 번 나에게 이렇게 말씀하셨다. "네가 강의하는 내용을 처음 인사부터 마무리 멘트까지 하나도 빠뜨리지 말고 그대로 A4 용지에 한글 파일로 작성해서 나에게 보여줘 봐라." 그 말을 듣는 순간, 머릿속이 하얗게 텅 비어 오는 것을 느꼈다. 지금까지 강의는 할 수 있었지만, 멘트 하나하나를 다 담은 강의안을 직접 작성해 본 경험은 없었기에 어디서부터 어떻게 써야 할지 감조차 잡히지 않았다.

며칠 동안 고민 끝에 강의안을 작성했다. 2시간 분량의 강의안인데 무려 A4 용지 20장이 나왔다. 출력해서 사부님께 보여드리자 사부님은 말씀하셨다. "지금부터 필요한 것은 더하고 필요 없는 것은 뺄 것이다." 첨삭지도를 받은 것이다. 약 30분 정도 첨삭지도를 받고 나니 처음 20장이었던 강의안이 10장으로 줄었다. 정말로 황당했다. 어떻게 20장이 10장으로 줄 수 있는지 도무지 이해되지 않았다. 내가 강의하면서, 그리고 다른 사람들에게 전했던 말들 속에 불필요한 단어나 문장이 이렇게 많았다는 사실을 그제야 깨달았다. 손과 발이 오그라들 정도로 부끄러웠다.

　내 수준을 제대로 알고 나니 낯선 청중 앞에서 강의하는 것이 점점 더 두려워졌다. 약 일주일 후, 사부님은 10장으로 정리된 강의안을 다시 첨삭해 주셨다. 그렇게 해서 처음 20장이었던 강의안은 결국 6장으로 줄어들었다. 사부님은 말씀하셨다. "오늘 첨삭한 내용을 잘 정리하면 앞으로 어떤 강의든 히트 칠 수 있을 것이다." 강사라는 직업을 선택한 이후, 비로소 제대로 된 문장의 강의안이 완성된 순간이었다. 그때 느꼈던 감동은 지금도 말로 다 표현할 수 없다.

　2007년 처음 사부님을 만나 지금까지도 계속해서 배움을 이어가고 있다. 사부님을 만난 이후 내 삶은 거친 비바람과 폭풍이 몰아쳐도 굳건히 버텨낼 수 있는 기반을 다지는 작업의 연속이었다. 나무에 비유하면, 뿌리가 토양에 자리 잡아 견고함을 더해 가는 과정이다. 나무의 뿌리가 깊고 튼튼해야 계절이 바뀌어도 제때 잎을 내고, 맛과 영양이 가득한 과일들을 풍성하게 맺을 수 있다. 그 잎과 열매의 원천은 다름 아닌 끊임없는 공부였다. 그리고 그 뿌리를 사람에게 비유하면 바로 '힘(Power)'이라고 할 수 있다.

　이 힘이 없으면 다른 사람의 말과 꾀에 쉽게 속아 넘어가게 되고, 결국 자신이 원하는 삶을 살지 못한 채 힘이 있는 대상에게 끌려다니며 살아가게 된다. 전 세계에서 노벨상을 가장 많이 배출한 유대인 부모들이 자녀에게 어릴 때부터 험난한 세상 속에서 남의 꾀에

넘어가지 않는 지혜를 심어 주기 위해 '슈르드 교육' 즉, '지혜 교육'을 실천하는 이유도 같은 맥락이다.

  무엇보다 스스로 목표와 꿈을 성취하고자 하는 사람, 특히 사람을 다루는 직업을 가진 사람이라면 자신보다 더 탁월한 스승을 만나야 한다. 그리고 그 스승과 함께 스스로를 깨닫는 작업과 내면을 탐사하는 학습 분석이 가장 우선되어야 한다. 조금 더 직설적으로 말하면, 자신의 현재의 수준, 즉 '꼬라지'를 정확히 알아야 한다. 그 깨달음은 반드시 외롭고, 피눈물 나는 과정을 거쳐야 한다.

  특히 강의를 직업으로 삼은 강사라면 생계를 위해 강의를 많이 하는 것도 중요하지만, 그보다 더 중요한 것은 강의를 잘하기 위해 '잘 아는 작업'에 모든 역량을 집중하는 것이다. 끊임없이 새로운 것을 배우기를 게을리하지 말아야 한다. 그리고 어려운 내용을 쉽게 전달할 수 있는 스펙과 능력은 기본으로 갖추어야 한다. 여기에 사람의 몸과 마음을 건강하게 하는 기초의학, 심리학, 철학, 신화, 종교 등 인문학적 소양을 갖추어야 한다. 또한 정전이나 식곤증 등으로 인한 교육 피로도를 고려해, 다양한 강의 상황에 유연하게 대응할 수 있는 레크리에이션이나 웃음치료 같은 역동적인 강의 스킬을 보유하는 것도 큰 차별화 포인트가 된다. 필자처럼 기타와 같은 악기를 다룰 수 있는 엔터테인먼트적인 역량까지 더한다면, 매번 히트 칠 수 있는 강의를 할 가능성은 훨씬 높아진다.

그래서 자신의 문제들을 해결하기를 원하고, 무기력하고 우울한 나날로 소중한 인생을 낭비하고 싶지 않다면, 나이와 상관없이 자신보다 더 탁월한 대상을 만나 일정 시점까지는 절대적으로 의존해야 한다. 항상 새로운 것을 배우며 임계질량이 채워지고 나면, 반드시 지금보다 더 나은 삶을 살 수 있다. 더 나아가 스승에게 받았던 것을 다른 사람들에게 선한 영향력으로 되돌려 준다면, 자기 삶을 주도적으로 살고자 하는 또 다른 누군가에게 인생의 전환점을 제공하는 조력자가 될 수 있다.

지금의 필자는 누구를 만나든지 항상 자신 있게 말한다. 지금 당장 원하는 삶을 살고 싶다면 반드시 자신보다 더 탁월한 스승을 만나라고! 스승을 만나면 멀고 긴 길도 더 빠르고 정확하게 갈 수 있는 지름길을 찾게 되고, 목표를 이루는 과정에서 불필요한 비용을 줄여 현재에 더욱 집중할 수 있다. 또한 성장의 문턱에서 헤매고 있을 때, 그 과정을 지켜본 스승으로부터 최적의 답을 얻을 수 있고, 스스로도 주변에 도움이 필요한 사람들에게 손을 내밀어 서로 윈윈 하는 삶을 살 수 있다. 결국, 가까운 미래에 동종 업계에서 경쟁력을 확보해 우위를 점하고, 행복과 성공이라는 두 마리 토끼를 잡아 남들이 부러워할 만한 삶을 살 수 있게 될 것이다.

반복하고
또 반복하라

 필자처럼 좋은 스승을 만나고 피눈물 나는 노력을 해도 목표를 성취하지 못하는 사람들이 있다. 왜 그럴까? 무기력과 우울에 빠져 매일 영혼의 닻 없이 살아가는 사람들은 왜 그 악순환의 고리에서 벗어나지 못할까? 왜 그런 병리적인 습관은 노력만으로는 쉽게 바뀌지 않을까? 반면 무기력하고 우울한 삶을 탈출하여 보란 듯이 활력 있고 부러움을 살 만한 삶을 사는 사람들에게는 도대체 어떤 비밀이 숨겨져 있을까?

 그 비밀은 놀랍게도 자신에게 있다. 원하는 목표가 있다면 나쁜 습관을 없애고 좋은 습관을 만드는 데 집중해야 한다. 쉽게 말해, 무기력한 뇌에 새로운 행동의 반복을 통해 습관 회로를 구축하는 것이다. 이를 위해서는 습관을 반드시 바꾸겠다는 굳은 결심이 필요하다. 또한, 스스로 어떤 습관을 가지고 있는지 분명히 깨닫고, 실제적인 행동으로 옮겨야 변화가 시작된다. 물론 그 과정에서 일어나는 모든 일은 본인이 책임져야 한다. 반복적인 행동으로 새로운 습관을 강화해 뇌에 새기는 연습을 하면, 그 습관은 변화와 성장을 위한 연료가 된다. 결국 원하는 방향으로 선택하고 결정할 수 있는 힘이 생기고, 더 높은 수준의 과업도 거뜬히 해낼 수 있는 강력한 자원이 된다.

우리는 각자의 일상에서 누구와 대화할지, 어떤 행동을 할지 혹은 하지 말아야 할지 늘 결정하며 살아간다. 아침 출근길에 자동차를 운전하면서 화장을 하고, 지각을 피하기 위해 통화를 하며 지름길을 찾기도 한다. 직장에서는 급한 일과 급하지 않을 일을 구분하고, 기한 내에 처리해야 할 일을 자꾸 미루기도 한다. 이렇게 삶 전반에서 우리는 좋은 것과 좋지 않은 것을 끊임없이 선택하고 결정한다.

이런 선택과 결정은 모두 작은 행동 덩어리들로 나뉘어 우리의 일상에서 행복과 불행으로 직결된다. 그 과정에서 나타나는 생각과 감정, 행동은 반복된 결과물로 굳어진 습관일 뿐이다. 하나의 습관이 작동되기 시작하면, 뇌는 다른 습관에는 큰 관심을 두지 않는다. 다행히도 우리의 뇌는 현실과 상상, 좋은 습관과 나쁜 습관을 정확히 구분하지 못한다. 그렇기에 무기력하고 우울한 사람이라면 이 책을 읽는 동안만이라도 과거와 현재, 미래에 일어날 일들에 불필요한 에너지를 쏟지 않아도 된다. 안심해도 좋다.

찰스 두히그의 《습관의 힘》에서 윌리엄 제임스는 이렇게 말했다. "우리 삶이 일정한 형태를 띠는 한 우리 삶은 습관 덩어리일 뿐이다. 실리적이고 감정적이며 지적인 습관들이 질서 정연하게 조직화되어 우리의 행복과 슬픔을 결정하며 우리 운명이 무엇이든 간에 우리를 그 운명 쪽으로 무지막지하게 끌고 간다." 또한 제임스는 "자신과 운명을 통제하고 더 나아질 수 있으며 무엇이든 바꿀 수 있는 자유의지가 있다"고 굳게 믿었다. 그는 변화를 이루기 위해서는 '믿음의 의지'가 가장 중요한 요인임을 강조했다. 즉, 변화가 가능하다는 믿음을 받아들이는 확실한 방법이 바로 '습관'이라 주장하며 다음과 같이 결론지었다.

"처음에는 어렵게만 느껴지던 일을 점점 쉽게 해내고, 충분히 연습한 후에는 거의 기계적으로 혹은 거의 의식하지 않은 채 해낼 수 있게 해주는 힘은 바로 습관이다. 따라서 우리가 어떤 사람이 되겠다고 결심하면, 그것은 마치 종이나 코트가 일단 구겨지거나 접히면 그 후로는 항상 똑같은 곳이 접히는 것과 같다. 결국 우리는 훈련하고 연습한 방향으로 성장한다"

또한, 미국 작가 데이비드 포스터 윌리스는 2005년 졸업을 앞둔 대학생을 위한 강연에서 이렇게 말했다.

"두 어린 물고기가 나란히 헤엄치고 있었습니다. 두 녀석은 반대 방향에서 다가오는 나이가 지긋한 물고기를 만났습니다. 그 물고기는 어린 물고기들에게 고개를 살짝 끄덕이며 물었습니다. '안녕, 물이 어떠니?' 어린 물고기들은 어른 물고기를 지나쳐서 계속 헤엄쳤습니다. 그러다 마침내 한 마리가 옆 친구를 바라보며 물었습니다. '물이 뭐야?'"

여기에서 '물'은 바로 습관이다. 우리를 항상 에워싸고 있지만, 아무 생각 없이 선택한 것이어서 평소에는 눈에 보이지 않는다. 그러나 의식하고 주의를 기울여야만 비로소 보이기 시작한다.

또한 윌리엄 제임스는 그의 대표작《심리학의 원리 The Principles of Psychology》에서 한 장 전체를 습관에 할애했다. 그는 습관이 작동하는 원리를 가장 적절하게 비유할 수 있는 것이 '물'이라고 했다.

"물은 스스로 길을 만든다. 한 번 만들어진 물길은 점점 넓어지고 깊어진다. 흐름이 멈춘 물이 다시 흐를 때는 과거에 스스로 만든 그 길을 따라 흐른다"라고 강조했다.

그렇다면 어떻게 무기력하고 우울한 습관에서 벗어나 변화와 성장을 통해 원하는 삶을 살며 행복한 습관을 구축할 수 있을까? 과연 당신은 행복할 자격이 있는가? 일단 이 책의 마지막 부분까지 왔으니 이미 그 자격이 충분하다.

찰스 두히그는 누구나 습관을 바꿀 수 있는 기본 틀을 제시하며,

포기하지 않고 꾸준히 노력하면 나쁜 습관을 없애고 좋은 습관을 만들 수 있다고 했다. 여기서 말하는 나쁜 습관은 무기력과 우울의 패턴에 갇혀 소중한 인생을 낭비하는 삶을 말한다. 반면 좋은 습관은 《시경》에 나오는 '어약연비(魚躍鳶飛)'의 뜻처럼 물고기가 거친 물살을 거슬러 올라가 도약하고, 솔개가 넓은 상공을 자유롭게 나는 모습과 같다. 한마디로 어약(魚躍)은 무기력한 사람이 무기력을 극복하고 도약하는 모습이며, 연비(鳶飛)는 무기력을 탈출해 남들이 부러워할 만한 삶을 사는 것을 뜻한다.

우리 뇌 깊숙한 곳에는 움직임과 행동을 담당하는 선조체가 있다. 선조체는 크게 위쪽과 아래쪽으로 나뉘는데, 습관 형성에는 배측(위쪽)선조체(Dorsal striatum)가 관여한다. 반면 복측(아래쪽)은 순간적인 충동과 쾌락을 추구하는 측좌핵(Nucleus accumbens)으로 연결된다. 배측 선조체가 일관된 행동을 유지하고 지속시키는 역할을 하지만, 측좌핵은 순간적인 유혹을 이기지 못하게 하여 술이나 기름진 정크 푸드 등을 찾게 한다. 조금 더 쉽게 말하면, 우리의 습관은 결국 우리가 일관되게 반복해 온 행동의 결과물이다.

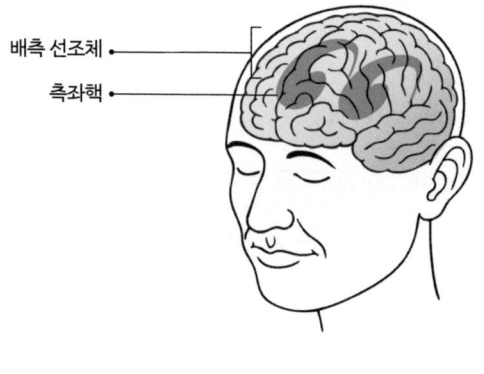

선조체

우리는 주변 사람들에게 굳이 말하지 않아도 마음속으로는 스스로 습관을 바꾸고 싶어하고, 그 비밀을 알고 싶어한다. 무기력에서 벗어나고 싶어도 방법을 모른 채 평생 허우적대는 사람이 많다. 그렇다면 변화의 전환점이 될 수 있는 습관의 기본 틀을 반드시 이해해야 한다. 찰스 두히그가 제시한 습관의 기본 틀은 무엇일까?

기본 틀

- 반복 행동을 찾으라.
- 다양한 보상을 실험해 보라.
- 신호를 찾으라.
- 계획을 세우라.

위와 같은 기본 틀을 근거로 하여 단계별로 하나씩 만들어 보자.

1단계 : 반복 행동을 찾으라

당신은 직장에서 일로 인해 스트레스를 받으면 어떻게 반응하는가? 그 스트레스를 해소하기 위해 어떤 생각을 하고, 어떤 감정을 느끼며, 어떤 행동을 하는가? 퇴근 후 집에 돌아와 무심코 치킨과 맥주, 소시지, 피자 같은 정크푸드를 떠올리지는 않는가? 술과 기름진 음식의 유혹에 이끌려 포만감을 느끼며 취해 잠들고, 다음 날 후회한다는 것을 잘 알면서도 말이다. 안타깝게도 이런 행동은 나쁜 습관으로 굳어져 반복된다.

스트레스를 술과 정크푸드로 해소하는 패턴이 습관이 되면, 체중은 금방 늘어날 수밖에 없다. 늘어난 체중을 줄이기 위해 식단을 조절하고, 운동으로 감량 목표에 가까워져도, 다시 같은 스트레스 상황을 만나면 또다시 술을 마시고 정크푸드를 찾게 된다. 결국 그동안의 노력은 물거품이 된다. 그렇다면 도대체 왜 이런 나쁜 습관은 계속 반복될까?

찰스 두히그는 《습관의 힘》에서 모든 습관에는 '신호-반복 행동-보상'이라는 패턴이 작용한다고 했다. 조금 더 쉽게 말하면 어떤 신호에 의해서 특정 행동이 반복되고 그 행동이 보상을 주고, 그 보상을 또 얻기 위해 자신이 원하는 열망이 무엇인지를 알아내는 것이다. 결국 좋은 습관이든 나쁜 습관이든 반복될 수밖에 없는 '습관 고리'를 이해하는 것을 강조한다. 그리고 가장 먼저 '반복 행동을 찾아내는 것'이 중요하다고 했다. 그것을 그림으로 표현하면 아래와 같다.

당신이 스트레스를 해소하기 위해 술과 정크푸드를 먹는 '습관 고리'를 발견했다면, 그 습관 고리는 당신에게 어떤 보상을 주면서 계속 반복되는지를 알아야 한다. 그러기 위해서는 다양한 보상을 실험해야 한다.

2단계 : 다양한 보상으로 실험해 보라

첫 번째 당신이 스트레스를 해소하기 위해 술과 정크푸드를 먹고 싶은 충동을 느낄 때면, 새로운 반복 행동을 계획해서 새로운 보상을 얻게 해 보라. 쾌락을 주는 술과 정크푸드 대신 김치찌개와 잡곡밥으로 대신한다든가, 식사를 한 후에 집 앞 공원에 나가 가벼운 산책이나 줄넘기 같은 운동을 해도 좋다. 아니면 술을 원래 마시던 양에서 절반 정도로 줄여 보는 것도 좋은 방법이다. 여기서 중요한 것은 반복되는 행동을 할 수밖에 없는 열망을 찾는 것이다. 술과 정크 푸드를 찾는 이유가 밥하는 것이 귀찮아서인가? 피로에 지쳐 술을 먹고 잡념 없이 자고 싶어서인가? 아니면 정말 배가 고파서인가? 술을 통해 직장의 일과 스트레스를 잊고 싶어 그런 것인가? 아니면 그냥 편히 쉬고 싶어서인가? 과거의 트라우마에서 벗어나기 위해서인가? 사랑하는 연인과의 이별의 고통을 잊기 위해서인가?

메모장을 준비해서 이런 생각이 들 때마다 즉시 자신의 머릿속에 가장 먼저 떠오르는 몇 가지를 아래와 같이 적어 보라.

> 밥하는 것이 귀찮다. 기분 좋다. 배고프지 않다. 스트레스가 풀린다.
> 맛있다. 쉬고 싶다. 다른 생각이 들지 않는다.

그다음에는 15분 후에 알람이 울리도록 맞춰 놓고, 스스로에게 물어보라. '아직도 술과 정크푸드가 먹고 싶은가?' 이렇게 하는 이유는 그리 중요하지 않아 보이는 생각이라도 잠시 의식적으로 들여다보게 하고, 무엇에 주의를 기울이고 있는지가 곧 새로운 습관으로 이어질 수 있기 때문이다. 또한 자신이 진짜 열망하는 보상이 무엇인지 파악하는 데 도움이 된다. 계속해서 술이 마시고 싶다면, 단순히 배가 고프거나 밥하기 귀찮아서가 아닐 수 있다. 하루의 피로를 잊기 위해 술을 찾는 것일 수도 있고, 과거의 상처를 잊고 싶어서일 수도 있다. 또는 단순히 휴식이 필요해서 그럴 수도 있다. 이처럼 실제로 자신이 원하는 열망을 찾아내는 것은 새로운 습관을 구축하는 데 반드시 필요하다. 반복 행동을 알아냈다면, 이제 그 행동을 유발하는 신호도 찾아야 한다. 그럼 신호를 어떻게 찾을 수 있는지 알아보자.

3단계 : 신호를 찾으라

우리는 왜 매일 같은 길로 출근할까? 왜 무기력하고 우울한 사람은 침대에서 일어나지 못하고 하루 종일 눕고 싶어 할까? 운동이 필요하다는 것을 알면서도 왜 자리를 박차고 일어나지 못할까? 다이어트를 위해 계획을 세워도 왜 실행에 옮기지 못할까? 친구와 약속을 해놓고도 나가기 싫어 약속을 취소하거나 연락조차도 하지 않는 이유는 무엇일까? 이러한 행동들의 이유는 하나같이 아래 다섯 가지 중 하나에 해당한다.

장소 | 시간 | 감정 상태
다른 사람 | 직전의 행동

그래서 술과 정크푸드를 먹고 싶은 신호를 찾아내려면 그런 충동이 밀려오는 순간 위의 다섯 가지 질문에 답해 보라.

장소 : 퇴근하는 지하철 안에 앉아 있다.

시간 : 저녁 6시 15분

감정 상태 : 피곤해서인지 배도 고프고 짜증이 밀려온다.

다른 사람 : 아무도 없다.

직전의 행동 : 지하철 타기 전에 직장 상사와 통화를 했다.

다음 날

장소 : 사무실에 있다.

시간 : 오후 5시 30분

감정 상태 : 유쾌하지 않다. 퇴근 전에 결재받을 일이 있어 급한 마음이 든다.

다른 사람 : 주변에 직장 동료들이 있다.

직전의 행동 : 상사로부터 결재 서류를 요구받았다.

그다음 날

장소 : 회의실

시간 : 오후 5시 00분

감정 상태 : 피곤하고 쉬고 싶다. 업무로 인해 내일 출장을 가야 해서 스트레스가 밀려온다.

다른 사람 : 주변에 직장 동료들이 있다.

직전의 행동 : 내일 출장 일정에 대해 부장에게 보고했다.

위에서 보는 바와 같이 겨우 3일 만에 술과 기름진 정크푸드를 먹고 싶은 신호를 찾아냈다. 그 신호는 거의 같은 시간대에 술과 정크푸드를 먹고 싶은 충동을 유발했는데 그것에 따른 보상은 업무 스트레스로 인한 휴식이었다. 또한, 그 습관은 퇴근 시간을 기준으로 1시간 전후로 나타난다는 것을 찾아냈다.

4단계 : 계획을 세우라

3단계를 통해 각자의 습관 고리를 파악했다면, 습관적인 행동이 원하는 보상과 신호를 통해 어떻게 반복되는지 이해할 수 있다. 그러면 이제 그 행동을 변화시킬 수 있는 준비가 된 것이다. 조금 더 쉽게 말하면, 가장 먼저 신호를 알아차리고, 스스로 열망하는 보상에 맞게 새로운 행동을 선택해야 한다. 그래야 반복되는 행동을 원하는 방향으로 전환할 수 있다. 이 과정에서 필요한 것이 바로 '계획'이다. 따라서 3단계를 참고하여 아래와 같이 새로운 계획을 작성해 보면 다음과 같다.

> 적어도 퇴근 2시간 전부터는 물과 음료로 수분을 보충해야겠다. 조금 더 적극적으로 업무를 처리하기 위해 퇴근 1시간 전까지는 중요한 업무부터 마무리해서 상사에게 검토를 받겠다. 퇴근 후에는 술과 정크푸드 대신 잡곡밥과 삶은 고기, 샐러드로 건강하게 먹고, 식사 후에는 30분 이상 줄넘기 등과 같은 유산소운동을 하겠다.

위와 같이 계획해도 잘 지켜지지 않을 수 있다. 처음에는 신호를 찾아내는 것도 어렵다. 식사 후에 운동하는 것 또한 익숙해지기까지 잘 안 될 수도 있다. 일에 집중한 나머지 수분을 보충하는 일도 잊어버릴 수 있고, 가중된 스트레스로 인해 퇴근 전부터 기름진 정크푸드로 식사를 하고 있는 자신의 모습을 상상하고 있을 수도 있다. 이 모든 것이 마음먹은 대로 될 수만 있다면 얼마나 좋겠는가? 그러나 이러한 과정을 딛고, 새로운 행동을 반복하고 또 반복해야만 자연스럽게 몸에 배어 행동으로 나오게 된다. 여기에 어떤 나쁜 습관도 좋은 습관으로 바꿀 수 있다는 강력한 믿음이 더해지면 그 습관은 오래 유지될 수 있다. 그렇게 되면 결과적으로 삶에 새로운 전환점을 맞이하게 될 것이다.

이쯤 설명했다면 이제 변화를 위해 새로운 반복 행동을 하는 것은 전적으로 당신 몫이다. 당신이 무기력과 우울의 악순환에 빠져 있다면 이제 그 악순환에서 벗어날 수 있는 기회를 잡은 셈이다. 이래도 움직이지 않을 것인가?

부록
무기력 탈출을 위한 활력 워크숍

1. 무기력 교육과정 소개

▶ **교육 개요 및 목표**

급변하는 현재를 살아가는 많은 사람들은 육체적·정신적·정서적·심리적으로 탈진 상태에 빠지고 있다. 조직과 사회, 주변 사람들로부터 고립감을 느끼는 사람들도 점점 늘어나고 있다.

특히 직장에서 최선을 다하지 못하고 적당히 시간을 때우거나, 출근만 하면 무기력을 느끼는 '회사 우울증'을 호소하는 직원들도 많다. 또한 중요한 일에는 집중하지 못하고 덜 중요한 일에 몰두하는 사람들 역시 무기력에 빠져 있다는 것을 알 수 있다.

이러한 현상은 '자발성'과 삶에 대한 의욕이 사라지고, 환경과 사건을 스스로 통제할 수 없는 상태라는 것을 의미한다. 이런 사람들은 스스로는 최선을 다해 일한다고 착각하지만, 결국에는 이것이 '악순환의 고리'였음을 깨닫게 된다.

그러나 다행히도, '무기력'도 학습되지만 반대로 '활력 있는 삶'도 학습할 수 있다는 사실을 기억해야 한다.

본 교육 과정은 크게 세 가지 목표를 둔다.

첫째, 무기력한 일상에서 벗어나 좋은 것을 선택할 수 있는 능력을 키우고, 각자의 삶에서 의미와 동기를 찾아 세상에 당당히 맞설 수 있도록 한다.

둘째, 세상과 사람을 바라보는 시각을 긍정적으로 전환하여, 감정의 노예로 살아가는 부정적인 패턴을 제거한다.

셋째, 건강한 어른으로서 자신의 행동에 책임을 지고, 각자의 꿈과 비전, 목표를 성취할 수 있도록 돕는다. 이를 통해 자신은 물론 가족, 조직, 사회, 국가의 행복지수 향상에도 기여할 수 있도록 한다.

▶ 교육 과정/특강/워크숍 신청: 0504-0816-2472
- 무기력 초급 과정/8H : 이론/실습
- 무기력 중급 과정/8H : 이론/실습
- 무기력 고급 과정/8H : 이론/실습

- 무기력 강사 과정/16H : 이론/실습/발표
- 무기력 심화 과정/8H : 이론/실습/발표

▶ 교육 대상
- 누구나

▶ 교육주최/주관/후원
- 무기력연구소, 국제심리치료협회, 한국심리치료협회

▶ 교육 특전
- 무기력연구소 수료증 발급
- 사회단체 한국심리치료협회 무기력심리지도사 2급 자격증 발급
- 사단법인 국제심리치료협회 무기력지도사 3급 자격증 발급

  (희망자에 한함)
- 우수 수료자는 트레이닝 후 강사 활동 지원 등

마치면서
NO 無氣力, YES 舞起力

지난 2018년 4월 초 따뜻한 봄날, 나는 어머니와 함께 35년 만에 어릴 적에 살았던 시골집을 찾았다. 멀리서 본 주변 풍경은 여전히 진달래와 벚꽃들이 만개한 아름다운 모습이었지만, 우리 가족이 살았던 흔적들은 온데간데없이 집터만 남아 있어 아쉬움과 애잔함이 교차했다. 집터 옆에는 아담한 조립식 주택이 자리잡고 있었다. 부모님께서 일구시던 밭은 50대 중후반으로 보이는 남성이 밀짚모자를 쓴 채 구슬땀을 흘리며 소농을 하고 있었다. 어머니는 집터 주변을 오가며 한참을 멍하니 서 있기도 했고, 예전 기억들을 떠올리며 눈물을 흘리기도 하셨다. 나 또한 이곳에 가장 마음 아픈 기억이 있기에, 아버지의 모습이 떠오르는 마당 입구 쪽에 서서 예전에 느꼈던 감정과 마주했다. 그 자리에 서서 나는 "아버지, 많이 힘드셨죠? 제가 부축해 드릴 테니 어서 일어나서 방으로 들어가요. 그리고 이제는 아무 걱정 마시고 천국에서 마음 편히 쉬세요. 아셨죠? 제가 어머니 편안하게 모시고 밝고 건강하게 최선을 다해서 살아갈게요. 사랑합니다. 아버지… 보고 싶습니다. 그리고 미안합니다. 고맙습니다" 라고 말씀드렸다. 그리고 이제 그 아픈 기억 속에 묶여 있지 않겠노라고 선언했다.

사람은 불안하거나 무섭고 불편했던 경험을 다시 떠올리고 싶어 하지 않는다. 하지만 나에게는 그때 그 자리에 있었던 어린 나를 위로하고, 힘든 삶을 버텨온 나와 우리 가족의 미해결 과제를 해결하기 위해서라도 그 기억과 장소를 다시 마주해야 했다. 솔직히 말하면, 그 아픈 기억을 지워 버리고 싶었다.

얼마 전 친한 지인과 대화를 나누던 중에 이런 말을 들었다. "사람의 무기력에 대해 연구하고 치료하는 사람은 국내에 거의 없으니, 진정 사명감을 가지고 최선을 다해야겠네요." 정말 맞는 말이었다. 하지만 요즘 나는 종종 긴급한 일의 횡포에 시달리며 정작 내 사명을 순간순간 잊고 살아갈 때가 많았다.

그래도 내 주변에 이런 말을 해주는 사람이 있다는 사실이 정말 감사하다. 그리고 사람을 살려내는 일을 사명으로 삼고 살아갈 수 있는 직업을 선택한 것 또한 감사하다. 그 감사함으로 무기력에 찌들어 불행하게 살아가는 대한민국 모든 이들에게 조금이라도 희망을 줄 수 있기를, 나는 다시 한 번 간절하게 소망한다.

참고 서적

1. 몸은 기억한다(베셀 반 데어 콜크/을유문화사 2016년 1월)
   - 트라우마와의 대면 (P24), 새로 이해하게 된 사실들(P53), 뇌를 달래는 법 (P72~73)
2. 우리 부부, 어디서 잘못된 걸까?(이병준/영진닷컴, 2016년 6월)
3. 가족의 재탄생(이병준/애플북스, 2010년 5월)
   - 미숙아들이 결혼하는 나라(P39~44)
4. 문제는 무기력이다(박경숙/와이즈베리, 2013년 2월)
   - 인생 발목 잡는 은밀한 방해자 무기력(P9), 미리 해보는 간편한 무기력 테스트(P20~21), 지금은 사막을 건너는 중(P151), 의식의 단계(P48~54)
5. 정신분석으로의 초대(이무석/이유, 2006년 4월)
   - 자아의 방어기제(P159~204)
6. 굿바이 게으름(문요한/더난출판사, 2009년 2월)
   - 천의 얼굴을 한 게으름(P30~33)
7. 긍정심리학(마틴 셀리그만/물푸레, 2009년 11월)
8. 우울증의 인지치료(아론 벡/학지사, 2014년 3월)
   - 자동적 사고들과 심상들의 검토 및 현실검증(P179~180)
9. 웃음의 심리학(마리안 라프랑스/중앙북스, 2012년 1월)
   - 사랑과 웃음의 과학(P21~26)
10. 회복탄력성(김주환/위즈덤하우스, 2011년 3월)
11. 치유(다비드 세르망-슈레베르/문학세계사, 2004년 5월)
    조깅으로 우울증을 극복한 자비에라(P170~181)

12. 편안함의 배신(마크 쉔·크리스틴 로버그/위즈덤하우스, 2014년 4월)
   - 편안함의 과잉시대(P15~20), 내일의 나를 죽이는 오늘의 편안함(P34~38)
13. 지금 이 순간 나에게 꼭 필요한 한마디(로저스 쉴러/이가출판사, 2014년 8월)
14. 스트레스 넘어서기(마틴 쉐퍼/태학당, 1992년)
15. 번아웃(크리스티나 베른트/시공사, 2014년 9월)
16. 낙관성 학습(마틴 셀리그만/물푸레, 2012년 7월)
17. 마음(이무석/비전과리더십, 2011년 5월)
18. 30년 만의 휴식(이무석/비전과리더십, 2006년 12월)
19. 성격(이무석/두란노서원, 2014년 3월)
20. 기회의 대이동(최윤식·김건주/김영사, 2014년 8월)
21. 천 개의 공감(김형경/한겨레출판, 2006년 12월)
22. 습관의 힘(찰스 두히그/갤리온, 2012년 10월)
23. 하버드 스트레스 수업(왕팡/와이즈맵, 2021년 4월)
24. 우울할 땐 뇌과학(앨릭스 코브/푸른숲, 2018년 3월)
25. 우울할 땐 뇌과학, 실천할 땐 워크북((앨릭스 코브/푸른숲, 2020년 1월)
26. 세로토닌하라!(이시형/중앙북스, 2010년 7월)
27. 다미주이론(스티븐 W 포지스 박사/위즈덤하우스, 2020년 5월)
   - P53~62, P116~118, P137, P213
28. 애착외상의 발달과 치료(존 G 알렌/박영스토리, 2020년 8월)
29. 성신분석적 진단(맥 윌리암스/학지사, 2018년 8월)
30. 무기력 수업(나명진/북랩, 2022년 11월)

참고 논문

1. 황인서, 한유진(2023)「아동기 애착 트라우마 경험이 관계적 공격성에 미치는 영향에서 적대적 귀인편향의 매개효과」
2. 송연주, 최가연, 박대순(2019)「불안 애착이 심리적 폭력 피해에 미치는 영향에서 관계중독의 매개효과」
3. 이지원, 이기학(2014)「불안정애착 및 심리적 고통이 관계중독에 미치는 영향: 지지추구적 정서조절양식의 조절된 매개효과 검증」
4. 김의원, 박수정, 김다솜, 김영근(2023)「애착불안이 관계중독에 미치는 영향: 거부민감성과 정서조절곤란의 매개효과」

미주

1 박경은, 김선영, 손재구, 2015; 한기백, 2014; Greenfield, 2007: 황인서, 한유진 2023 재인용
2 Wamser-Nanney & Vanden berg, 2013; O'Neil, Guenette, & Kitchenham, 2010 ; 황인서, 한유진 2023 재인용
3 Wright, Crawford & Del, 2009; 황인서, 한유진 2023 재인용
4 Cullerton-Sen, Cassidy, Murray, Cicchetti, Crick & Rogosch, 2008; 황인서, 한유진 2023 재인용
5 박민정, 최보가, 2004; Rogosch & Cicchetti, 2005; 황인서, 한유진 2023 재인용
6 최지영, 배라영, 2014; 황인서, 한유진 2023 재인용
7 이서원, 한지숙, 2011; 황인서, 한유진 2023 재인용
8 Dodge & Frame, 1982; Dodge, Murphy, & Buchsbaum, 1984; 황인서, 한유진 2023 재인용
9 Martins, 2013; 황인서, 한유진 2023 재인용
10 김영석, 장유진, 2021; 황인서, 한유진 2023 재인용
11 박형원, 2002; 황인서, 한유진 2023 재인용
12 유가람, 박주희, 2019; 유예림, 강혜자, 2021;최영임, 임정섭, 김교헌, 2018; Bailey & Ostrove, 2008; Murray-Close, Ostrov, Nelson, Crick, & Coccaro, 2010; Ostrov, Hart, Kamper & Godleski, 2011; Tuente, Bogaerts, & Veling, 2019; 황인서, 한유진 2023 재인용
13 J. C. Babcock, N. S. Jacobson, J. M. Gttman, and T. P. Yerington, 2000;

송연주, 최가연, 박대순 2019 재인용
14 Martin, 1990; 김의현, 김수정, 박다솜, 김영근 2023 재인용
15 우상우, 2014; 김의현, 김수정, 박다솜, 김영근 2023 재인용
16 손승희, 2017; 김의현, 김수정, 박다솜, 김영근 2023 재인용
17 이지원, 이기학, 2014; 김의현, 김수정, 박다솜, 김영근 2023 재인용
18 Peabody, 2010; 김의현, 김수정, 박다솜, 김영근 2023 재인용
19 우상우, 2014; 김의현, 김수정, 박다솜, 김영근 2023 재인용
20 Whiteman & Petersen, 1998; 김의현, 김수정, 박다솜, 김영근 2023 재인용
21 Schaeffe r & McElhny, 1997; 김의현, 김수정, 박다솜, 김영근 2023 재인용
22 Martin, 1990; 이지원, 이기학 2014 재인용
23 Schaef, 1988; 이지원, 이기학 2014 재인용
24 이의선, 2004; 이지원, 이기학 2014 재인용
25 Bradshaw, 2005; 이지원, 이기학 2014 재인용
26 장우귀, 2005; 이지원, 이기학 2014 재인용
27 Lopez & Brennan, 2000; 이지원, 이기학 2014 재인용
28 Ainsworth, 1989; Barthlomew & Horowiz 1991; 이지원, 이기학 2014 재인용
29 Rovers, DesRoches, Hunter, & Taylor, 2000; 이지원, 이기학 2014 재인용
30 최혜림, 조영주, 2001; Main, Kaplan & Cassidy, 1985; 이지원, 이기학 2014 재인용
31 신지은, 방희정, 윤진영, 2009; Bowlby, 1988; Sroufe & Fleeson, 1986; 이지원, 이기학 2014 재인용
32 Brennan, Clark, & Shaver 1998; 이지원, 이기학 2014 재인용
33 Buelow, McClain, & McIntosh, 1996; Fox, 1995; Halverson, 1988; Vaughn, Egeland, Sroufe, & Waters, 1979; - 67 한국심리학회지: 상담 및 심리치료Weinfield, Sroufe, & Egeland, 2000; 이지원, 이기학 2014 재인용
34 Cook, 2000; Overbeek, Vollebergh, Engels, & Meeus, 2003; 이지원, 이기학 2014 재인용

35 신노라, 안창일, 2004; Lopez & Gormley, 2002; Park, Crocker, & Mickelson, 2004; Perrine, 1998
36 Collins & Read, 1990; Simpson, 1990
37 Kobak & Sceery, 1988
38 Batholomew & Horrowitz, 1991; Collins & Read, 1990
39 Hazan & Shaver, 1987
40 Hendrick & Hendrick, 1989; Levy & Davis, 1988
41 이수현, 2009
42 Hart, 1990
43 Cassidy & Shaver, 2008
44 김광은, 2004; 김민선, 서영석, 2010; 장휘숙, 2002; 조화진, 서영석, 2010; Overbeek et al, 2003; Wei, Shaffer, Young, & Zakalik, 2005
45 Lopez, Mauricio, Gormley, Simko, & Berger, 2001; Roberts, Gotlib, & Kassel, 1996; Wei, Heppner, & Mallinckrodt, 2003; Wei, Mallinckrodt, Russell, & Abraham, 2004
46 Simpson, 1990
47 Collins, 1996; Lopez, Mitchell, & Gormley, 2002

아무것도
하기 싫은 당신에게

1판 1쇄 | 2025년 8월 20일

지은이 | 나명진
펴낸이 | 박상란
펴낸곳 | 피톤치드

디자인 | 디디앤 김다은 교정 | 양지애
경영·마케팅 | 박병기
출판등록 | 제387-2013-000029호
등록번호 | 130-92-85998
주소 | 경기도 부천시 길주로 262 이안더클래식 133호
전화 | 070-7362-3488
팩스 | 0303-3449-0319
이메일 | phytonbook@naver.com

ISBN | 979-11-92549-51-4(03180)

• 가격은 뒤표지에 있습니다.
• 잘못 만들어진 책은 구입하신 서점에서 바꾸어 드립니다.